rororo

rororo gesundes leben
Lektorat Katrin Helmstedt

Bärbel Bongartz
Walter Bongartz

Hypnose

Wie sie wirkt und wem sie hilft

Rowohlt Taschenbuch Verlag

Wichtiger Hinweis

Die Ratschläge in diesem Buch sind zwar nach bestem Wissen und Gewissen sorgfältig erwogen und geprüft worden, die Informationen und Ratschläge stellen jedoch keinen Ersatz für medizinische Betreuung dar. Eine Haftung für den Eintritt des Erfolges oder eine Haftung für Personen-, Sach- oder Vermögensschäden, die sich aus dem Gebrauch oder Mißbrauch der in diesem Buch dargestellten Nahrungsmittel, der Methoden oder sonstigen Hinweise ergibt, ist für Verlag, Autor und / oder deren Beauftragte ausgeschlossen.

12.–19. Tausend Mai 1999

Veröffentlicht im Rowohlt Taschenbuch Verlag GmbH,
Reinbek bei Hamburg, November 1992

Umschlaggestaltung Barbara Thoben
Foto: Photonica / L'aura Colan
Satz Garamond (Linotronic 500)
Gesamtherstellung Clausen & Bosse, Leck
Printed in Germany
ISBN 3 499 60782 4

Inhalt

Vorwort

Die meisten Menschen haben eine ungefähre Vorstellung von Hypnose – wie man sie einleitet, was in Hypnose möglich sein könnte und ob Risiken damit verbunden sind oder nicht. Und fast jeder hat auch eine festgefügte Meinung über ihren Wert, wobei diese Meinungen aber sehr auseinandergehen. Die einen halten Hypnose für völligen Humbug, während andere große Erwartungen in ihre Möglichkeiten setzen.

Das breite Meinungsspektrum ist verwunderlich. Denn schließlich ist Hypnose nicht eine vor kurzem gemachte Entdeckung, über die noch wenig bekannt ist, sondern ein jahrtausendealtes Phänomen (siehe dazu Kapitel 3: «*Geschichte der Hypnose*»), das überdies seit Ende des vorigen Jahrhunderts und insbesondere in den letzten dreißig Jahren von Psychologen und Medizinern wissenschaftlich erforscht wird. Man weiß daher heutzutage sehr viel über den hypnotischen Zustand (siehe dazu Kapitel 1: «*Was ist das, ein hypnotischer Zustand*»). Dieses Wissen ist aber in wenigen Fachbüchern «vergraben». In der breiteren Öffentlichkeit, die sich zunehmend für Hypnose interessiert, wird das Bild von der Hypnose überwiegend durch die Darbietungen von Bühnenhypnotisierungen im Fernsehen oder in Shows bestimmt bzw. durch Berichte in der Presse. Nun sind diese Informationsquellen wenig geeignet, den interessierten Laien oder hilfesuchenden Patienten über Hypnose zu informieren. Zum einen zeichnen die oft sensationslüstern aufgemachten und (notwendigerweise) kurzen Berichte in der Presse nur ein unzureichendes, nicht selten auch verzerrtes Bild der Hypnose, und zum anderen haben Bühnenhypnose und (therapeutische) Hypnose nicht viel miteinander zu tun. (Warum das so ist, erfahren Sie in Kapitel 6: «*Die Bühnenhypnose*».)

Wenn man über eine Sache nicht genau Bescheid weiß, wird das fehlende Wissen häufig durch Vorurteile ersetzt. So ist es auch bei der Hypnose, was deren Möglichkeiten (siehe dazu Kapitel 2: *«Vorurteile gegenüber der Hypnose»*) oder die Fähigkeiten des Hypnotiseurs bzw. die Gefahren der Hypnose betrifft (siehe dazu Kapitel 5: *«Wer kann, wer soll hypnotisieren?»*). Nun weiß man aber aus der Hypnoseforschung und Hypnosetherapie inzwischen so viel über Hypnose, daß die Vorurteile, die ihr gegenüber bestehen, durch Fakten aus Forschung und therapeutischer Erfahrung beseitigt werden können.

Und damit sind wir bei dem Anliegen dieses Buches: Dieses Buch möchte ein Bild von der Hypnose zeigen, das nicht durch sensationelle Aufmachung und Vorurteile aufgebauscht und verzerrt ist, sondern dem Stand der wissenschaftlichen Forschung entspricht – aber ohne daß dies Bild hinter dem Schleier einer «fachchinesischen» Sprache verborgen bleibt.

Darüber hinaus möchte das Buch dem Patienten, der sich für eine Hypnosetherapie interessiert, einen ersten Eindruck von dieser Therapie vermitteln (siehe dazu Kapitel 8: *«Wie wird Hypnose therapeutisch eingesetzt?»*). Und wenn Sie wissen wollen, ob Sie hypnotisierbar sind oder nicht, schauen Sie doch einfach in Kapitel 4 (*«Wer ist hypnotisierbar?»*) nach, wo Sie einige Anhaltspunkte dazu finden werden.

Dies ist weder ein Buch für therapeutische Fachleute, die etwas über Hypnosetechniken erfahren wollen (auch wenn wir in Kapitel 7: *«Wie wird eine Hypnose eingeleitet?»* auf die Prinzipien der Hypnoseeinleitung eingehen), noch enthält das Buch eine Anleitung zur Selbsthypnose. Wir haben uns allein auf die Fragen beschränkt, die wir häufig hören und deren Beantwortung auch ohne sensationelle Aufmachung faszinierend bleibt.

Bei den beschriebenen Fällen haben wir zugunsten der Lesbarkeit des Buches darauf verzichtet, anzugeben, wann wir beide zusammen oder jeweils nur einer von uns die Behandlung durchgeführt hat.

Zum Schluß möchten wir uns für die Betreuung durch den Kreuz Verlag herzlich bei Frau Dr. Dörthe Binkert bedanken.

Ihnen, liebe Leserin und lieber Leser, wollen wir nun viel Vergnügen bei der Entdeckung der «wirklichen» Hypnose wünschen. Dazu noch ein Tip: Am Ende jedes Kapitels finden Sie eine Zusammenfassung, die Sie über den Inhalt des entsprechenden Kapitels orientiert.

Kapitel 1:

Was ist das, ein hypnotischer Zustand?

Hypnose ist ein relativ neuer Name für eine der ältesten Heilmethoden der Menschheit, die wir in allen Kulturen der Früh- und Neuzeit finden, bei den Naturvölkern wie bei den sogenannten höherentwickelten Zivilisationen. Dabei ging und geht es um eine geistige Heilung seelischer (Angst, Depression) und körperlicher Krankheiten bzw. darum, Schmerzen zu lindern, ohne Medikamente einzusetzen. Und gerade diese rein geistige Beeinflussung ist es, die die Faszination der Hypnose ausmacht. Denn daß ein schwerwiegender operativer Eingriff wie Beinamputation, Kaiserschnitt oder das Ziehen eines Weisheitszahnes mit entsprechenden Spritzen und Medikamenten schmerzfrei durchgeführt werden kann, erscheint uns heute selbstverständlich, nicht aber, daß dieselben Eingriffe allein durch eine geistige Beeinflussung (nämlich Hypnose) schmerzfrei erlebt werden können. Hört man dann gar von erfolgreichen hypnotischen Heilungen in Fällen, in denen die hochtechnisierten, aufwendigen Methoden der modernen Medizin versagt haben – wie etwa Beseitigung jahrzehntelanger schwerwiegender Schmerzzustände, Heilung von Krebs oder einer schweren seelischen Krankheit –, dann erscheint Hypnose manchem als eine Kraft, die mit unserem modernen, naturwissenschaftlichen Weltverständnis nicht mehr zu begreifen ist. Dies um so mehr, wenn man von Berichten über die hypnotische Rückführung in ein früheres Leben (Reinkarnation) erfährt oder von der Möglichkeit, Menschen in Hypnose zu kriminellen Handlungen zu bewegen, die sie im Wachzustand niemals begehen würden. Aber ist dies alles in einem hypnotischen Zustand wirklich möglich, und was ist das, ein hypnotischer Zustand?

Diesen Fragen wollen wir in diesem und dem nächsten Kapitel

nachgehen. Dabei werden wir zuerst darstellen, was den hypnotischen Zustand auszeichnet, indem wir uns die Veränderungen ansehen, die Hypnose bewirkt, und dann den hypnotischen Zustand mit anderen Bewußtseinszuständen vergleichen. Im Anschluß daran wollen wir dann im zweiten Kapitel untersuchen, ob man in Hypnose gegen seinen Willen zu einer Handlung gezwungen werden kann und ob in diesem Zustand paranormale Phänomene möglich sind, d. h. Leistungen und Erfahrungen (wie etwa die Reinkarnationserlebnisse), die jenseits unseres naturwissenschaftlichen Weltverständnisses liegen.

Veränderungen in Hypnose

Sofern im hypnotischen Zustand wirklich solche beeindruckenden Heilungen und dramatischen Effekte möglich sind, wie wir sie oben angesprochen haben, sollte man auch erwarten, daß in Hypnose tiefgreifende Veränderungen stattfinden, die diese Effekte hervorrufen. Aber wo könnten diese Veränderungen auftreten?

Verhalten

Das äußere Erscheinungsbild und Verhalten einer Person in Hypnose läßt zunächst nicht auf besondere Veränderungen schließen. Eine Person in Hypnose vermittelt den Eindruck, als sei sie in einem schlafähnlichen Zustand. Mit geschlossenen Augen atmet sie ruhig und tief, ihre Bewegungen sind verlangsamt, sofern sie sich überhaupt bewegt, sie spricht stockend und leise, wie im Schlaf, und wenn sie nach der Hypnose die Augen öffnet, scheint sie sich erst einmal wieder – wie nach einem Schlaf – zurechtfinden zu müssen.

Äußerlich nehmen wir zunächst also noch keine dramatischen Veränderungen wahr, höchstens die, daß die hypnotisierte Person die Anweisungen des Hypnosetherapeuten automatisch, wie ein Roboter ausführt. Die anzunehmenden Veränderungen müssen sich daher im «Inneren» vollziehen.

Die Hypnoseforschung untersucht zwei «innere» Bereiche hypnotischer Veränderungen, die wir von außen in der Regel nicht beobachten können. Zum einen sind das physiologische Veränderungen, also meßbare Veränderungen der Körperaktivität (z. B. Hirnwellen, Hormonkonzentration), und zum anderen subjektive Veränderungen, womit weitgehend geistige Prozesse wie verändertes Denken und Wahrnehmen gemeint sind.

Körper

Beginnen wir zunächst mit der körperlichen, der physiologischen Ebene und schauen, welche meßbaren Veränderungen in diesem Bereich von der Hypnoseforschung gefunden wurden.

In der Hypnose beobachtet man eine Verminderung der Atemgeschwindigkeit bzw. die Senkung der Herzschlagrate. Auch der Blutdruck sinkt in Hypnose ab. Diese dämpfende Wirkung von Hypnose auf das Herz-Kreislauf-System geht einher mit einer Minderung des Stoffwechselumsatzes. Im weiteren nehmen die spontan auftretenden elektrischen Hautwiderstandsänderungen ab. (Auf der Aufzeichnung dieser elektrischen Änderungen beruht das Prinzip des Lügendetektors.) Mißt man die Hirnströme eines Menschen in Hypnose, so stellt man immer wieder fest, daß in der rechten Hirnhälfte mehr Alphawellen auftreten als in der linken Hälfte, wie es für Entspannungszustände typisch ist. Es lassen sich aber auch Änderungen der Hormonkonzentration im Organismus beobachten. Am Psychologischen Institut der Universität Konstanz registrierten wir bei Hypnotisierten ein Absinken von Katecholaminen und von Plasmakortisol; bei Stress steigt die Konzentration dieser Hormone an. Hier stellten wir auch einen Einfluß der Hypnose auf das Blutbild fest: Die für die Immunabwehr wichtigen Lymphozyten (T-, B-Zellen) nehmen nach Hypnose zu, nach Stress ab. Auch die Zahl der Blutplättchen, die für die Blutgerinnung wichtig sind, und die Anzahl der roten Blutkörperchen änderte sich nach Hypnose. Dieser Teil der Hypnoseforschung ist ein weites Gebiet, und es ist an dieser Stelle nicht nötig, alle physiologischen Veränderungen aufzuzählen. Allen diesen Veränderungen ist aber eines gemeinsam: Sie sind Teile des sogenannten trophotropen Reaktionsmusters, wie es der Schweizer Nobelpreisträger Hess beschrieben hat, das letztlich auf der *Dämpfung* des *sympathischen Nervensystems* beruht. Und hier deutet sich auch schon an, warum Hypnose für die Behandlung der Folgen von schwerem Stress bzw. psychosomatischen Krankheiten eingesetzt werden kann: Bei schweren Belastungen findet man nämlich eine höhere Erregung des sympathischen Nervensystems mit einem sogenannten ergotropen Reaktionsmuster, zu dem hoher Blutdruck, erhöhter Stoffwechselumsatz etc. gehören. Mit anderen Worten, der hypnotische Zustand kennzeichnet eine Phase der Erholung für den Körper, die dazu führt, daß die Widerstandskraft des Körpers gestärkt wird. Auf die therapeutische Bedeutung der Hypnose wollen wir aber erst später eingehen und an dieser Stelle festhalten, daß Hypnose zu vielfältigen Veränderungen auf der körperlichen Ebene führt, die mit naturwissenschaftlichen Methoden nachgewiesen sind.

Erleben

Der zweite «innere» Bereich, den die Hypnoseforschung untersucht, um dem Phänomen Hypnose auf die Spur zu kommen, sind die *subjektiven* Veränderungen in Hypnose. Wie erlebt ein Mensch in tiefer Hypnose diesen Zustand, und wie reagiert er auf das, was der Hypnosetherapeut suggeriert?

Ein Merkmal dieser subjektiven Veränderungen in Hypnose ist die Einengung der Aufmerksamkeit. Läßt etwa der Hypnosetherapeut eine Szene aus der Kindheit lebendig werden oder stellt er das Körpergefühl in den Vordergrund, so tritt die äußere Umgebung deutlich zurück, um das, was im Zentrum der eingeengten Aufmerksamkeit steht, um so lebendiger werden zu lassen. Aber es ist nicht nur die Lebendigkeit des Erlebens, die sich in Hypnose verändert – auch die Art und Weise des Erlebens erhält eine andere Qualität.

Betrachten wir zunächst die veränderte Körperwahrnehmung in Hypnose: Während einer längeren Hypnose kann es geschehen, daß etwa Arme und Beine als länger oder kürzer wahrgenommen werden oder sich andere Teile des Körpers scheinbar verändern, z. B. die Lippen sich ausweiten oder der Kopf viel größer als normal zu sein scheint. Vielleicht sind plötzlich manche Körperteile wie nicht mehr vorhanden, die Hände gefühllos, oder es entsteht, wie bei einer Patientin von uns, plötzlich der Eindruck, nur noch der Kopf sei vorhanden. Schweregefühl oder auch eine angenehme Leichtigkeit der Glieder kann sich einstellen, die Körpertemperatur

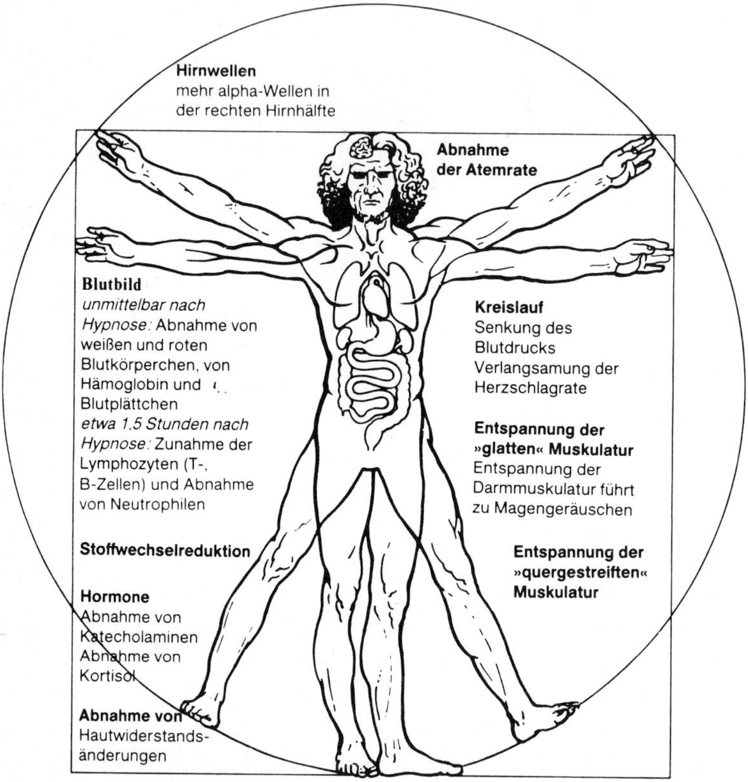

Abbildung 1: Neben den Veränderungen des Erlebens wie Einengung der Aufmerksamkeit, veränderte Wahrnehmung (von Körper, Umgebung) sowie Übergang von einem logischen zu einem eher bildhaften Denken treten in Hypnose auch die hier dargestellten körperlichen Veränderungen auf. Alle diese Veränderungen, die man unter der Bezeichnung «trophotropes Reaktionsmuster» zusammenfaßt, sind die Folgen des verringerten Erregungsniveaus des sympathischen Nervensystems in Hypnose (Zeichnung: Helga Fendrich).

kann sich verändern. Häufig haben Patienten auch das Gefühl, daß sich ihr Körper bewegt, z. B. daß er sich dreht oder sich zur Seite neigt. Neben der Körperwahrnehmung können sich auch Geräusche oder die Stimme des Hypnosetherapeuten verändern – sie mögen auf einmal wie aus einem Nebel von ferne her oder scheinbar aus einer falschen Richtung kommen.

Alle diese Veränderungen können, müssen aber nicht in der Hypnose eintreten. Man wird vielleicht die eine oder andere erleben oder eine ganz andere Erfahrung machen, von der wir hier nie gesprochen haben; in der Regel aber wird die Hypnose als ein entspannter Zustand erlebt, den eine tiefe Ruhe und ein Gefühl von großer Gelassenheit auszeichnet. Dieser Zustand hat auch körperliche Begleiterscheinungen, wie z. B. die Entspannung der Darmmuskulatur. Das führt zu Magengeräuschen. Daran ist nichts Peinliches: Im Gegenteil, sie sind als ein gutes Zeichen zu betrachten. Mit zunehmender Entspannung kann sich auch vermehrter Speichel in der Mundhöhle sammeln – davon sollte man sich nicht stören lassen und halt ein wenig öfter schlucken. Achten sollte man aber vor jeder Hypnoseinduktion auf folgendes: Die Beine sollten nicht übereinandergeschlagen und die Hände nicht ineinander verschränkt sein. Das Gefühl von feinen Nadelstichen in eingeschlafenen Gliedmaßen kann den hypnotischen Zustand schon empfindlich stören.

Neben der eingeengten Aufmerksamkeit und der veränderten Wahrnehmung des Körpers und der Umgebung verblüfft die meisten Patienten die Lebendigkeit von Situationen – etwa aus der frühen Kindheit –, deren Nacherleben suggeriert wird – als wäre man wieder das kleine Kind zu Hause bei den Eltern. Einzelheiten tauchen auf, an die man schon eine Ewigkeit nicht mehr gedacht hat, oder Gefühle werden wiedererlebt, die für immer vorbei schienen. Gerade so, als befände sich der Patient weit entfernt vom Alltag in einer anderen Realität, in der er neue Erfahrungen machen oder alte wiederholen kann; therapeutisch wichtige Erfahrungen, die er mit in den Alltag hineinnehmen kann.

Die Arbeit mit der «inneren Realität» in Hypnose muß natürlich nicht beschränkt sein auf die vergangene Kindheit, die Gegenwart oder die Zukunft, sondern kann auch die Qualität des Erlebens betreffen. So berichten Patienten, daß sie Gefühle in Hypnose viel intensiver erleben.

Läßt man Personen, die gut hypnotisierbar sind, diesen Zustand beschreiben, so hört man, daß er vergleichbar sei mit dem Zustand kurz vor dem Einschlafen, einem Zustand zwischen Wachen und Schlafen, in dem man eher in Bildern denkt, die spontan auftreten und nicht mehr logisch geordnet sind, ähnlich wie beim Träumen. Diese Beschreibung erinnert an die Art des Denkens, die der Begründer der Psychoanalyse, Sigmund Freud, als «primärprozeßhaftes Denken» bezeichnet hat. Diese Art von Denken mit unlogisch aufeinander folgenden Bildsequenzen – wir finden sie auch in Träumen wieder – wird nach psychoanalytischer Ansicht stärker vom Unbewußten und seinen Inhalten bestimmt als das logische Denken im Wachzustand.

Gibt es also so etwas wie eine Trancelogik, die sich von der Logik des Wachzustandes unterscheidet? Bei einer hypnotischen Rückführung in die frühe Kindheit (Altersregression) begann eine brasilianische Studentin plötzlich die auf deutsch gestellten Fragen in Portugiesisch zu beantworten. Im Alter von vier Jahren, in das wir sie zurückführten, konnte sie jedoch noch nicht Deutsch und hätte somit auch unsere Fragen eigentlich nicht verstehen und damit auch nicht beantworten können. Hier zeigt sich ein widersprüchliches Verhalten, das in Hypnose toleriert, hingegen im Wachzustand als widersprüchlich erkannt wird. In der Hypnoseliteratur wird diese Beobachtung bei der Altersregression von Patienten, die in einer anderen Muttersprache aufgewachsen sind, häufiger berichtet. Dies und vergleichbare Beobachtungen führten dazu, daß man den Begriff Trancelogik prägte, der auch in experimentellen Untersuchungen bestätigt wurde: Wird einer hochsuggestiblen Versuchsperson in Hypnose suggeriert, daß sich außer ihr und dem Versuchsleiter nichts im Versuchsraum befindet, und wird sie aufgefordert, auf den Versuchsleiter zuzugehen, so umgeht sie den Tisch, der im Wege steht; dies, obwohl sie den Tisch ja «eigentlich» nicht sieht. Geringsuggestible Versuchspersonen dagegen, die den hypnotischen Zustand ohne Wissen des Versuchsleiters nur simulieren sollen, verhalten sich logisch und laufen gegen den Tisch.

Wir sprachen davon, daß Hypnose von hochsuggestiblen Personen beschrieben wird als ein Zustand «wie kurz vor dem Einschlafen». Das scheint darauf hinzudeuten, daß der hypnotische Zustand gar nicht so fremdartig ist, sondern einem Bewußtseinszustand gleicht, den wir aus dem Alltag kennen. Dies wollen wir im folgenden näher untersuchen und die Hypnose mit anderen Bewußtseinszuständen vergleichen.

Abbildung 2: In Hypnose ist man logischen Widersprüchen gegenüber toleranter (Trancelogik). In dem hier dargestellten Beispiel fragt der Therapeut eine in die Kindheit zurückgeführte Patientin, die aus Brasilien stammt, nach ihrem Alter und ihren Geschwistern. Sie antwortet korrekt in der Sprache, die sie damals sprach, nämlich in Portugiesisch. Allerdings hätte sie die Frage, die in Deutsch gestellt ist, nicht verstehen dürfen, da sie damals noch kein Deutsch gelernt hatte (Zeichnung: Helga Fendrich).

Ist Hypnose ein einzigartiger Bewußtseinszustand?

Hypnose und Schlaf

Nicht nur im alten Ägypten, sondern auch noch in der Mitte des vorigen Jahrhunderts wurde Hypnose als eine besondere Form des Schlafes verstanden. Das ist wohl auf das Aussehen und das Verhalten des Hypnotisierten zurückzuführen. Wie im Schlaf, ändert sich der mimische Ausdruck des Hypnotisierten nicht, wenn man ihn anspricht, und die Bewegungen, die auf Anweisung durchgeführt werden, scheinen die eines Schlafwandlers zu sein, dem das Bewußtsein für seine Handlungen fehlt. Wie in Hypnose kann man auch im (leichten) Schlaf Reaktionen auf Suggestionen bekommen. So zeigen Experimente, daß Schlafende auf die wiederholte Suggestion von Nasenjucken sich die Nase reiben, ohne sich nach dem Aufwachen daran zu erinnern.

Trotz dieser Gemeinsamkeit besteht heutzutage kein Zweifel mehr daran, daß Schlaf und Hypnose zwei verschiedene Bewußtseinszustände sind. Dies zeigt insbesondere auch der Vergleich von Hypnose und Schlaf im Hinblick auf die Hirnaktivität. Erfaßt man in einem Elektroenzephalogramm (EEG) das Muster der Hirnwellen im Schlaf, so zeigen sich deutliche Unterschiede zum Hypnose-EEG. Die Aktivität des Gehirns ist also in Hypnose eine andere als im Schlaf.

Auch die Reflextätigkeit ist in Hypnose und Schlaf verschieden: Legt man im Sitzen die Beine übereinander und schlägt man mit einem kleinen Hammer, wie man ihn vom Arzt kennt, auf die Stelle kurz unterhalb der Kniescheibe des aufliegenden Beines, so schlägt der Unterschenkel reflexartig aus (Patellarsehnenreflex). Das Ausmaß dieses Ausschlagens ist im Schlaf weitaus geringer als in Hypnose, während sich Hypnose und Wachzustand darin nicht voneinander unterscheiden.

Auch die Träume in Hypnose sind nicht mit denen, die wir im Schlaf haben, vergleichbar. Es ist bekannt, daß Personen, bei denen in aufeinanderfolgenden Nächten die Traumphasen (erkennbar an den raschen Augenbewegungen) systematisch unterbrochen wurden, in den folgenden Nächten vermehrt träumen – so, als müßte etwas Unerledigtes aufgearbeitet werden. Man hat dann versucht, nach einer solchen Unterbindung der Traumphasen, das Traumdefizit durch längere Traumphasen in Hypnose wettzumachen. Es zeigte sich aber, daß die hypnotischen Träume das Traumdefizit der vorangegangenen Nächte nicht beseitigen konnten. Schlaf-Träume können also nicht durch Hypnose-Träume ersetzt werden, was wiederum heißt, daß Hypnose und Schlaf unterschiedliche Bewußtseinszustände sein müssen.

Aber scheinen Schlaf und Hypnose nicht eines gemeinsam zu haben, nämlich daß man sich nach dem Aufwachen aus dem Schlaf wie aus der Hypnose an nichts mehr erinnert? Für den Schlaf, wie wir alle wissen, trifft dies – mit Ausnahme von erinnerten Träumen – sicher zu. Nicht so für die Hypnose. In der Regel erinnert sich der Patient an alles, was er in der Hypnose erlebt hat, auch wenn er im nachhinein bemerkt, daß dies eine andere Art von Erleben als im Wachzustand ist. Eine *spontane* Amnesie, das heißt ein nicht suggeriertes Vergessen des in Hypnose Erlebten, ist sehr selten und nicht typisch. Anders steht es mit der *suggerierten* Amnesie, das heißt mit der posthypnotischen Aufforderung, sich nach der Hypnose an nichts mehr zu erinnern. Hier fanden wir in einer Untersuchung mit 374 Versuchspersonen, daß bei 134 Versuchspersonen (= 36 Prozent) ein Vergessen des in Hypnose Erlebten auftrat. Diese Amnesie ließ sich aber nach der Aufforderung im Wachzustand, sich an alles in der Hypnose Erfahrene zu erinnern, wieder aufheben, was bei nicht-suggerierter, spontaner Anmesie kaum der Fall ist. Hypnose und Schlaf haben also wenig miteinander zu tun.

Hypnose, Entspannung, Meditation

Gehen wir eine Stufe weiter vom Schlaf in Richtung Wachzustand und betrachten die Beziehung zwischen Entspannung, wie sie etwa durch das autogene Training vermittelt wird, und Hypnose. Vom Erscheinungsbild her besteht zwischen einer entspannten und einer hypnotisierten Person kein Unterschied. In beiden Fällen sieht man eine ruhig atmende Person mit geschlossenen Augen und entspannten Gesichtszügen. Auch auf der körperlichen Ebene unterscheiden sich Hypnose und Entspannung nicht voneinander. Alle Veränderungen von Hirnwellen, Hormonkonzentrationen, Stoffwechsel etc., die wir oben als typisch für den hypnotischen Zustand beschrieben haben, finden wir auch bei Entspannung. Und dies nicht nur bei Entspannung, sondern auch bei Meditation. Hypnose, Meditation und Entspannung lassen sich also auf der körperlichen Ebene nicht voneinander trennen. Sie erzeugen gleichermaßen die körperlichen Veränderungen, die wir oben als trophotropes Reaktionsmuster kennengelernt haben.

Trotz solcher Gemeinsamkeiten lassen sich diese Verfahren nicht einfach gleichsetzen. Dies betrifft etwa die Zielsetzung. Entspannung und Hypnose werden in der Regel zu therapeutischen Zwekken eingesetzt, während dies bei der Meditation nicht der Fall ist. Die Meditationsübungen haben einen religiösen Hintergrund (Hinduismus, Buddhismus, Islam) und bezwecken das Erreichen der «Erleuchtung», also eines spirituellen Ziels, um das man sich zum Teil jahrzehntelang bemühen muß. Dementsprechend haben die Inhalte der Meditation nichts mit einem therapeutischen Ziel zu tun, sondern sind geistige Übungen, die – wie etwa im Zen-Buddhismus – über eine Befreiung von den «Fesseln des Ich» zu einer radikalen Änderung der Weltsicht führen sollen. Auf die Inhalte und Ziele der verschiedenen meditativen Übungen können wir hier nicht weiter eingehen und wollen statt dessen den Vergleich von Hypnose und Entspannung weiterführen, die ja beide zu therapeutischen Zwecken verwendet werden.

Es gibt zumindest drei Gründe, an denen eine nahtlose Gleichsetzung von Hypnose und Entspannung scheitert: Zum einen scheint die Fähigkeit, Entspannung erfahren zu können, trainierbar zu sein – wie der Name «autogenes *Training*» schon nahelegt, während dies bei Hypnose wohl nicht der Fall ist. Es gibt eine Fülle von bald 200 Experimenten, in denen versucht wurde, die Hypnosefähigkeit durch häufige Wiederholungen von Hypnosesitzungen oder mit bewußtseinsändernden Hilfsmitteln zu steigern, die von Musik bis zur Einnahme von Marihuana und LSD reichten. Aber alle diese Untersuchungen zeigen, daß es nicht möglich ist, die Hypnosefähigkeit einer Person grundlegend zu verbessern. Dazu paßt auch eine Untersuchung, die vermuten läßt, daß die Hypnosefähigkeit erblich festgelegt ist: In dieser Studie wurde bei 58 eineiigen Zwillingspaaren jeweils die Hypnotisierbarkeit der beiden zusammengehörigen Zwillinge mit Hypnosetests bestimmt. Die Hypnotisierbarkeit der eineiigen Zwillinge, deren Erbmaterial identisch ist, wurde mit der von zweieiigen Zwillingen verglichen. Das Erbmaterial von zweieiigen Zwillingen, die einfach zwei Geschwister sind, ist nicht identisch. Es zeigt sich, daß das hypnotische Verhalten nur bei den eineiigen Zwillingen deutlich ähnlich war, bei den zweieiigen hingegen nicht. Allerdings kann man nicht ohne weiteres die ähnliche Hypnotisierbarkeit bei eineiigen Zwilligen auf das identische Erbmaterial zurückführen. Es ist nämlich nicht auszuschließen, daß die eineiigen Zwillinge aufgrund ihres identischen Aussehens auch immer gleich behandelt wurden und dabei die gleichen Einstellungen gelernt haben, auch der Hypnose gegenüber. Bei zweieiigen Zwillingen, die verschieden aussehen und natürlich auch verschiedenen Geschlechts sein können, ist dies weniger wahrscheinlich.

Bei den Untersuchungen zur Verbesserung der Hypnosefähigkeit ist zu beachten, daß es sich in diesen Untersuchungen in der Regel nicht um *Patienten*, sondern um Versuchspersonen handelte, die nicht wegen einer Therapie teilgenommen hatten. Dies ist deshalb von Bedeutung, weil das Vertrauen zum Therapeuten mitbestimmt, wie weit der Patient bereit ist, sich in eine Hypnose «einzulassen». In einer wissenschaftlichen Untersuchung ohne therapeutische Maßnahmen kann man sich unbelasteter in einen hypnotischen Zustand begeben, während der *Patient* sich dem Therapeuten gegenüber in einer Weise öffnen muß, die ein *Vertrauensverhältnis* voraussetzt. Daher kann es vorkommen, daß ein Patient mit zunehmender Zahl von Hypnosesitzungen auch Hypnose tiefer erfahren kann. Diese Zunahme der Hypnosefähigkeit ist aber nur scheinbar und hat dann nichts mit einem Trainingseffekt zu tun, sondern geht auf das veränderte Verhältnis zum Therapeuten zurück. Mit der Zunahme des Vertrauens wird dann auch die vorhandene Hypnosefähigkeit ausgeschöpft.

Regeln haben ihre Ausnahmen, auch in bezug auf die Erlernbarkeit der Hypnosefähigkeit. Dabei sind zwei Hypnosetherapeuten bemerkenswert, die besonders hartnäckig waren: der Amerikaner Milton Erickson, der nach 300 Sitzungen bei einem Patienten von zuvor geringer Hypnosefähigkeit eine tiefe Hypnose erzielte, und der deutsche Psychiater Oskar Vogt, der dazu bei einem Patienten 700 (!) Sitzungen bnötigte.

Die Hypnose grenzt sich von der Entspannung auch durch die Intensität ab, mit der der Entspannungszustand des Körpers erfahren wird. Sowohl von Patienten, die das autogene Training kennen, als auch von Kollegen, die Erfahrung mit dem autogenen Training haben, hören wir nach der ersten Hypnose häufig, daß der Zustand der Entspannung mit Hypnose schneller und tiefer erreicht wird als mit der Vorgehensweise des autogenen Trainings.

Daß zum Erreichen eines hypnotischen Zustandes kein Training erforderlich ist, zeigt sich auch in einem anderen Zusammenhang. Wir konnten in Konstanz beobachten, daß die Zahl der weißen Blutkörperchen nach Hypnose für etwa eine halbe Stunde durchschnittlich um 25 Prozent absinkt. Dies wurde kürzlich auch von einer Forschungsgruppe aus Israel berichtet. Während wir in Konstanz diese Veränderung des Blutbildes ohne Vortraining der Versuchspersonen allein durch eine 25minütige Hypnose erzielten, führten die israelischen Forscher bei ihren Versuchspersonen ein Entspannungstraining über drei bis vier Wochen mit drei bis vier Sitzungen pro Woche durch, um den gleichen Effekt zu erreichen.

Das dritte und unseres Erachtens wichtigste Argument gegen die Gleichsetzung von Hypnose und Entspannung ist die größere Vielfalt hypnotischer Reaktionen und Erfahrungen, von denen Entspannungsreaktionen nur einen Teil darstellen. Dies zeigte sich etwa in einer Untersuchungsanordnung, in der Versuchspersonen auf einem Ergometer (eine Art feststehendes Fahrrad) radfahren sollten. Obwohl hier eine körperliche Entspannung nicht eintreten konnte, war es dennoch möglich, hypnotische Phänomene zu erzeugen. Während sie radfuhren, wurden die Versuchspersonen mit offenen Augen in Hypnose versetzt und erhielten dann verschiedene hypnotische Anweisungen. So wurde ihnen suggeriert, sie könnten ihre ineinander verschränkten Hände nicht mehr lösen, ihren Arm nicht mehr beugen und daß sie eine – nicht vorhandene – Mücke wahrnähmen. Zum Vergleich wurden andere Versuchspersonen mit dem «üblichen» Vorgehen in Hypnose versetzt, das heißt über Entspannungssuggestionen bei geschlossenen Augen. Dann wurden die gleichen Suggestionen gegeben. Dabei zeigte sich, daß die Versuchspersonen in beiden Fällen gleich reagierten; sowohl in der Entspannungshypnose wie in der körperlich aktiven Hypnose waren die hypnotischen Suggestionen gleichermaßen erfolgreich. Das heißt: Das Erleben von Hypnose ist nicht abhängig von einem körperlich entspannten Zustand, sondern ist auch bei geöffneten Augen und aktiver körperlicher Bewegung möglich.

Hier müssen wir etwas in Frage stellen, was wir zuvor behauptet haben: daß nämlich das trophotrope Reaktionsmuster (Abnahme von Atem- und Pulsrate, Blutdrucksenkung etc.) – wie wir es auch von der Entspannung her kennen – typisch für Hypnose sei. Entscheidend für die Hypnose ist nicht die Entspannung, sondern die Veränderung der «inneren» Realität, die wir auch mit Phantasietätigkeit, Vorstellungen, Imagination umschreiben können. Wenn der Patient in seiner inneren Realität etwa einen beruhigenden Spaziergang am Meer unternimmt, den Sonnenuntergang genießt etc., bzw. wir ihm Suggestionen von Ruhe und tiefer Gelassenheit geben, wird er die entsprechenden körperlichen Reaktionen zeigen, die wir mit einer solchen entspannten Gefühlslage verbinden. Führen wir hingegen den Patienten in Hypnose zurück in eine aufwühlende Situation aus seiner Kindheit, in der er etwa ungerecht behandelt wurde, oder wird ihm ein Gefühl von Zorn suggeriert, so erhalten wir eine andere körperliche Reaktion, nämlich genau das Gegenteil der trophotropen Reaktion, die wir im Zusammenhang mit der Meeresszene erzielt haben. Der in der Hypnose erlebte Zorn wird zum sogenannten ergotropen Reaktionsmuster führen, das heißt zu einer Zunahme von Atem- und Herzschlagrate, von Blutdruck und Stresshormonen etc., und ebenfalls zu Veränderungen in der Zahl der weißen Blutkörperchen. Wir haben oben schon darauf hingewiesen, daß in Hypnose bei Suggestionen von Ruhe und Entspannung die weißen Blutkörperchen kurzfristig abnehmen. Werden hingegen in Hypnose Gefühle wie Zorn, Eifersucht und Wut suggeriert, so steigt die Zahl der weißen Blutkörperchen drastisch an.

Wir sehen also, daß anders als bei Entspannungsverfahren wie dem autogenen Training die Hypnose nicht durch den körperlichen Zustand definiert ist, sondern durch das Aufgehen in einer veränderten inneren Realität, die an die Stelle der realen Situation tritt. Die körperlichen Reaktionen, die dabei auftreten, können sehr verschieden sein. Da aber die therapeutische Arbeit mit Hypnose in der Regel in einer tiefen Entspannung durchgeführt wird, ist es wohl berechtigt, das trophotrope Reaktionsmuster als typisch für Hypnose anzunehmen.

Hypnose und Wachzustand

Wie steht es mit der Abgrenzung von Hypnose gegen den Wachzustand? Wir berichteten gerade, daß sich der hypnotische Zustand durch das lebendige Erleben einer «inneren» Realität auszeichnet, wobei der Hypnotisierte die aktuelle Situation um sich herum vergißt und körperlich so auf die innere Realität reagiert, als ob er sich tatsächlich in dieser Situation befände. Aber kennen wir derartige Zustände nicht auch aus unserem Alltag?

Fährt man längere Zeit auf einer wenig befahrenen Autobahn, kann es passieren, daß man sich so intensiv mit einem Problem oder einem zukünftigen Vorhaben auseinandersetzt (z. B. in Gedanken mit anderen Personen argumentiert), daß man das Autofahren, welches bei monoton gleicher Geschwindigkeit nicht viel Aufmerksamkeit erfordert, vollkommen vergißt. Bei der nächsten Informationstafel stellt man dann plötzlich fest, daß man 30 Kilometer gefahren ist, ohne sich an die Strecke erinnern zu können. Während dieser Zeit war man so mit den eigenen Phantasien, der eigenen Innenwelt beschäftigt, daß die äußere Realität (die Umgebung, das Innere des Wagens) aus dem bewußten Erleben ausgeblendet wurde. In diesem Zusammenhang spricht man auch von «Autobahnhypnose».

Hat während der «Autobahnhypnose» etwa die Planung einer Urlaubsreise oder ein logisches Gespräch mit einem vorgestellten Gesprächspartner stattgefunden, so wäre die Bezeichnung «Hypnose» aber nicht gerechtfertigt, auch wenn die äußere Realität vollkommen in den Hintergrund trat. Wie wir bereits gehört haben, beschreiben Personen mit großer Hypnosefähigkeit das Erleben der inneren Realität nicht als selbst gesteuert, sondern als ein spontanes Auftreten von Bildern und Gedankenfolgen. Aber natürlich können auch in der Hypnose logische Abläufe vom Patienten nachvollzogen werden, wenn der Therapeut dies vorgibt. Etwas Ähnliches finden wir auch im Alltag. Denken Sie nur an einen Film, ein Buch oder ein Theaterstück, das Sie sehr anspricht. Auch hier können wir die uns umgebende Realität vergessen, während wir die Handlung oder die Gefühle der dargestellten Personen miterleben. Oben haben wir das bildhafte Erleben als typisch für die Hypnose herausgestellt, und dies finden wir gerade beim Lesen eines Buches wieder, denn in der Regel übersetzen wir beim Lesen die in einem Buch beschriebenen Szenen oder Personen in unsere eigenen Bilder.

Und wer kennt nicht den abwesenden, tranceartigen Blick eines Tagträumers, der kaum bzw. verlangsamt reagiert, wenn man ihn anspricht – wie das Schulkind, das träumerisch aus dem Fenster schaut und vom Lehrer in die Realität zurückgeholt werden muß. Die deutsche Sprache hat ein treffendes Wort für diesen Zustand; sie spricht vom «gedankenverlorenen» Menschen. Der Tagträumer ist, obwohl körperlich anwesend, für den anderen schwer erreichbar, er ist «verloren».

Alle diese Beispiele zeigen, daß der hypnotische Zustand nicht ein einzigartiges Phänomen ist, das uns vollkommen fremd ist. Es gibt auch im Alltag Bewußtseinszustände, die der Hypnose verwandt oder sogar mit ihr identisch sind. Diese Alltagstrancen – «Autobahnhypnose», sich in einen Film oder ein Buch «hineinbegeben», Tagträumen – werden in der Regel nicht so intensiv und tief sein wie die hypnotische Trance in einer therapeutischen Sitzung, aber die Qualität dieser Bewußtseinszustände ist dieser vergleichbar. Dieses Wissen hilft uns vielleicht, die Vorurteile zu korrigieren, die häufig der Hypnose gegenüber bestehen. Sie sollen das Thema des nächsten Kapitels sein. Zuvor wollen wir aber das bisher Dargestellte noch einmal kurz zusammenfassen.

Zusammenfassung

In diesem Kapitel haben wir die Merkmale des hypnotischen Zustandes dargestellt, indem wir die körperlichen Veränderungen und die Veränderungen im Erleben, die in Hypnose auftreten, beschrieben und Hypnose gegen andere Bewußtseinszustände abgegrenzt haben.

Veränderungen in Hypnose: Auf der körperlichen Ebene finden wir im Vergleich zum Wachzustand physiologisch meßbare Veränderungen (das sog. trophotrope Reaktionsmuster: Abnahme von Stresshormonen, von Atem- und Herzschlagrate sowie von Blutdruck und Stoffwechselumsatz, mehr Alphawellen in der rechten Hirnhälfte, Änderung des Blutbilds etc.). Das Erleben in Hypnose ist gekennzeichnet durch eine Einengung der Aufmerksamkeit, veränderte Körperwahrnehmung, ein «bildhaftes» Denken und die «Trancelogik». Ein spontanes, nicht-suggeriertes Vergessen von Vorgängen während der Hypnose ist sehr selten.

Abgrenzung gegen andere Bewußtseinszustände: Hypnose hat nichts mit Schlaf zu tun, kann aber physiologisch nicht gegen Meditation und Entspannung abgegrenzt werden, die ebenfalls das trophotrope Reaktionsmuster aufweisen. Hypnose ist aber nicht mit Entspannung gleichzusetzen, da hypnotische Phänomene auch ohne körperliche Entspannung erzeugt werden können und die Hypnosefähigkeit, anders als die Fähigkeit zur körperlichen Entspannung, nicht trainierbar ist. Der Vergleich mit den «Alltagstrancen» des Wachzustandes («Autobahnhypnose», «Aufgehen» in einem Film oder Buch, Tagträumen) zeigte weiterhin, daß der hypnotische Zustand, der zwar zu drastischen Veränderungen von körperlichen Vorgängen und im Erleben führen kann, dennoch kein einzigartiger Bewußtseinszustand ist, der sich völlig von anderen Bewußtseinszuständen unterscheidet.

Kapitel 2:

Vorurteile gegenüber der Hypnose

Oft haben Patienten einen langen Weg durch die verschiedensten Behandlungsformen von Medizin und Psychotherapie hinter sich, ohne eine Besserung ihrer Beschwerden erfahren zu haben – eine lange Folge von Hoffnungen und Desillusionierung. Mit jeder zerschlagenen Hoffnung, von Schmerzen, Ängsten, Depressionen etc. befreit zu werden, steigt die Mutlosigkeit, wächst aber auch der dringende Wunsch, endlich mit einem Schlag von allen Beschwerden befreit zu sein. Für viele Patienten ist dann – nach Ausschöpfung aller anderen Mittel Hypnose die letzte Hoffnung. Und in der Tat zeigen unsere eigenen Erfahrungen ebenso wie viele Berichte in der Fachliteratur, daß erstaunliche Heilungen möglich sind, die mit konventionelleren medizinischen und psychologischen Methoden nicht erzielt werden konnten. Allerdings verläuft eine Hypnosetherapie anders als häufig vom Patienten angenommen. Wir finden oft die Vorstellung, daß die Beschwerden und Probleme, deren zum Teil jahrelange Behandlung bisher ohne Ergebnis blieb, nun in der Hypnose plötzlich und wie durch ein Wunder verschwinden würden: Der Therapeut versetzt den Patienten eine Zeitlang in Hypnose, aus der er dann – völlig geheilt – aufwacht, ohne sich zu erinnern, was in der Hypnose vor sich ging. Hypnose wird dabei wie ein hochwirksames «psychologisches» Medikament aufgefaßt, das man passiv «schluckt», ohne daß irgendeine Mitarbeit von seiten des Patienten nötig wäre.

Neben der therapeutischen Wirksamkeit traut man der Hypnose auch besondere Wirkungen in nicht-therapeutischen Bereichen zu und rechnet überdies – wie bei starken Medikamenten – mit entsprechend drastischen «Nebenwirkungen». So besteht oft die Erwartung, daß in Hypnose auf der einen Seite Leistungssteigerungen möglich sind (Gedächtnis, Muskelkraft), auf der anderen Seite aber wichtige Funktionen wie Entscheidungsfreiheit und moralische Urteilskraft gemindert sind. In diesem Kapitel wollen wir die «Nebenwirkungen» der Hypnose betrachten, um die damit verknüpften Vorurteile zu korrigieren. Die Korrektur solcher Vorurteile ist auch für eine Hypnosetherapie wünschenswert, da unnötige Befürchtungen und ein verzerrtes Bild von Hypnose den therapeutischen Prozeß beeinträchtigen können.

Die Vorurteile gegenüber der Hypnose lassen sich im wesentlichen drei Bereichen zuordnen. Zum einen betreffen sie *Befürchtungen* über negative Folgen bzw. Begleiterscheinungen des hypnotischen Zustandes, zum anderen mögliche *Leistungssteigerungen* in Hypnose, oder sie beziehen sich auf die Möglichkeit, durch Hypnose übersinnliche Phänomene wie *Reinkarnation* zu erzeugen und zu untersuchen. Auf diese drei Bereiche wollen wir jetzt näher eingehen.

Befürchtungen

«Nicht mehr aufwachen»

Für einen außenstehenden Beobachter scheint die Einleitung der Hypnose und ihre Aufhebung allein von den Anweisungen des Hypnotiseurs abzuhängen, auf die der Hypnotisierte gleichsam automatisch reagiert. Was würde passieren, wenn der Hypnotiseur plötzlich sterben bzw. – weniger dramatisch – von der hypnotisierten Person weggerufen und nicht mehr zurückkehren würde? Würde dann der Hypnotisierte von alleine wieder aufwachen oder bewegungslos in einem hypnotischen Zustand «gefangen» bleiben? Die Befürchtung, ohne den Hypnosetherapeuten nicht mehr aus der Hypnose zu «erwachen», wird hier und da geäußert, ist aber nicht gerechtfertigt. In einer Untersuchung verließ der Hypnotiseur nach der Einleitung der Hypnose eines angeblichen Stromausfalls wegen den Versuchsraum, in dem die hypnotisierte Versuchsperson alleine zurückblieb. Durch einen verborgenen Spalt in der Tür wurde das Verhalten der Versuchsperson beobachtet. Dieses Experiment wurde mit mehreren Versuchspersonen wiederholt. Dabei ergab sich, daß die meisten Personen zunächst ruhig liegenblieben, aber dann nach durchschnittlich 17 Minuten die Augen öffneten, sich wie nach einem Schlaf streckten und sich im Versuchsraum umsahen. Für das Aufwachen aus der Trance ist die Gegenwart des Hypnotiseurs also nicht erforderlich.

Das entspricht auch unseren Erfahrungen. Bei Patienten, die das in Hypnose Erlebte noch nachwirken lassen bzw. die nach Rücknahme der Hypnose noch in dem Gefühl tiefer Ruhe verweilen wollen, verlassen wir in darauf folgenden Sitzungen nach der hypnotherapeutischen Arbeit und Rücknahme bestimmter Suggestionen den Behandlungsraum und überlassen es dem Patienten, wann er den hypnotischen Zustand beenden will. Dies kann dann länger dauern, wenn die Hypnose spontan in Schlaf übergeht, was auch ab und an geschieht.

Bei Beendigung der Hypnose sollte man aber darauf achten, daß Suggestionen, die nach der Hypnose im Wachzustand störend sein könnten, zurückgenommen werden. Skeptiker dagegen meinen, das sei unnötig, da der Hypnotisierte sich doch nur an die Suggestionen halte, um dem Hypnotiseur zu gefallen. Wenn der Patient die Praxis verlasse, sei es auch mit der Wirkung der Suggestion vorbei. Wer hat recht? Schauen wir uns an, was die experimentelle Hypnoseforschung dazu zu sagen hat.

In einer Untersuchung wurde 17 Versuchspersonen mit großer Hypnosefähigkeit in Hypnose der Auftrag erteilt, sich nach Beendigung der Hypnose bei dem Wort «Experiment» an die Stirn zu fassen. Den gleichen Auftrag erhielten 14 Versuchspersonen, die nur geringe Hypnosefähigkeit hatten. Diese Versuchspersonen waren vorher von einem anderen Versuchsleiter instruiert worden, nur so zu tun, als wären sie in Hypnose. Der Versuchsleiter, der den posthypnotischen Auftrag gab, wußte nicht, ob die jeweilige Versuchsperson wirklich in Hypnose war oder ob sie nur simulierte. (Wurde ein Simulant als solcher erkannt, wurde er von dem Experiment ausgeschlossen.) Nach der Hypnose testete der Versuchsleiter, ob die Versuchspersonen sich auf das Wort «Experiment» hin an die Stirn griffen. Dabei zeigte sich kein Unterschied zwischen den echten Versuchspersonen und den Simulanten. Der entscheidende Test fand aber erst später, außerhalb der Versuchssituation, statt: Wurde beim Verlassen bzw. beim Betreten des Gebäudes am nächsten Tag von der Sekretärin beiläufig das Wort «Experiment» erwähnt, so faßte sich keiner der Simulanten an die Stirn, wohl aber mehrere «echte» Versuchspersonen. Dieses Ergebnis zeigt, daß Suggestionen auch nach einer Hypnosesitzung noch wirksam sein können, wenn der Patient die Praxis verlassen hat.

Verlust des Willens

Die häufigsten Befürchtungen und Bedenken gegenüber der Hypnose haben mit der Vorstellung zu tun, daß in Hypnose die Willenskraft gemindert ist oder der Hypnotiseur ganz und gar die Kontrolle über Denken und Handeln des Hypnotisierten übernimmt. Diese Angst kommt zum Beispiel darin zum Ausdruck, daß die Patienten betonen, daß sie einen starken Willen hätten und deswegen wohl nur schwer zu hypnotisieren seien. Nun mag man die zeitweilige Abgabe der Kontrolle an einen seriösen Therapeuten, zu dem ein gutes Vertrauensverhältnis besteht, für therapeutische Zwecke noch für zumutbar halten. Dennoch schreckt viele Menschen die Möglichkeit ab, einem anderen die Kontrolle über den eigenen Willen zu überlassen, da sie befürchten, in Abhängigkeit zu geraten. Es wird auch häufig der Gedanke laut, daß ein Hypnotiseur seine Macht über den Willen des Hypnotisierten dazu ausnutzen könnte, ihn zu verbrecherischen oder zerstörerischen Handlungen zu zwingen, die der Hypnotisierte im Wachzustand niemals begehen würde.

Macht über andere Menschen mittels Hypnose auszuüben, das ist und war auch außerhalb der Hypnosetherapie von jeher ein faszinierendes Thema, das in Literatur und Film aufgegriffen wurde. Auch die Hypnoseforschung hat sich mit diesem Thema beschäftigt: In einigen Untersuchungen konnte Versuchspersonen in Hypnose die Bereitschaft suggeriert werden, eine Giftschlange mit den Händen aufzunehmen oder dem Versuchsleiter eine ätzende Säure in das Gesicht zu schütten. (Schlange wie Versuchsleiter befanden sich hinter einer Scheibe, die im Dunkel des Versuchsraumes nicht zu sehen war.) Dazu passen auch die vielen Berichte, nach denen bei Hypnosedemonstrationen hypnotisierte Versuchspersonen dazu veranlaßt werden konnten, auf Anwesende zu schießen, auf sie einzustechen oder ihnen etwas zu stehlen. So «schoß» ein junger Mann in Hypnose mit einem ungeladenen Gewehr, das ihm gegenüber aber als geladene Waffe bezeichnet wurde, auf andere Menschen. Einer hochsuggestiblen Frau wurde suggeriert, daß die Spielkarte, die ihr überreicht wurde, ein Messer sei, mit dem sie nach Aufforderung auf Umstehende einstach. In Anwesenheit von Richtern und Polizeibeamten verübte eine andere Frau ähnliche «Verbrechen» mit Gummidolchen oder versuchte die Anwesenden (mit Pulverzucker) zu vergiften.

Können wir diese Untersuchungen und Beobachtungen als Beweis dafür ansehen, daß Hypnose die moralische Urteilskraft so mindert, daß Personen zu einem Verbrechen gezwungen werden können? Wir haben die gerade beschriebenen drei Demonstrationen ausgewählt, weil die hypnotisierten Personen bei diesen Demonstrationen noch andere Verhaltensweisen zeigten, die für die Beantwortung dieser Frage wichtig sind: Der junge Mann hatte zwar keine Bedenken, mit dem Gewehr zu schießen, weigerte sich aber bei derselben Demonstration, dem posthypnotischen Auftrag zum Unterschreiben eines Vertrages nachzukommen, der ihn zum Verschenken seines Anzugs verpflichtete. Als der jungen Frau anstelle einer Spielkarte ein echtes Messer gegeben wurde, verweigerte sie sich dem Befehl und brach die Hypnose ab. Im Anschluß an die «Vergiftungsdelikte» wurde der anderen Frau suggeriert, sie solle sich entkleiden, worauf sie aus der Hypnose erwachte.

Das Verhalten der Personen in den gerade beschriebenen Demonstrationen scheint widersprüchlich zu sein. Einerseits akzeptieren sie die Suggestion, schwere Verbrechen zu begehen (Mord), brechen aber andererseits die Hypnose ab, wenn – im Vergleich zu den suggerierten Verbrechen – eher geringfügig scheinende hypnotische Aufträge gegeben werden (Verschenken eines Anzugs). Diese Demonstrationen zeigen, daß es offenbar nicht so ohne weiteres möglich ist, durch Hypnose ein Verhalten zu erzwingen, das gegen die Regeln des Anstands oder die eigenen materiellen Vorteile verstößt; oder wenn die Tat tatsächlich gefährlich wäre (Messer).

Wie das erwähnte Beispiel zeigt, kann eine hypnotisierte Person sehr wohl zwischen einem angeblichen Messer und einem echten Messer unterscheiden. Wenn also die Unterscheidung zwischen einem scheinbaren Verbrechen und einem wirklichen persönlichen Nachteil möglich ist und man einer Suggestion widerstehen kann, wird der Widerspruch, den wir zunächst feststellten, leicht auflösbar. Die schwerwiegende Suggestion ist nicht, wie zunächst angenommen, das *scheinbare* Verbrechen, sondern der reale persönliche Nachteil.

Nun gut, möchte man einwenden, das mag ja stimmen, wenn ein suggeriertes Verbrechen leicht als ein scheinbares zu erkennen ist wie in den Demonstrationen mit der Spielkarte und dem Gummidolch. Aber das Gewehr, mit dem der junge hypnotisierte Mann schoß, hätte doch geladen sein können? Und schließlich, die Versuchspersonen in dem geschilderten Experiment mußten doch davon ausgehen, daß das Gesicht des Versuchsleiters nicht gegen die Säure geschützt war. Die Erklärung für das destruktive Verhalten von Personen in derartigen Experimenten liegt darin, daß die Versuchspersonen nicht nur auf das reagieren, was der Versuchsleiter sagt, sondern auch auf die gesamte Situation. Eine Versuchsperson wird nicht nur auf das achten, was der Versuchsleiter sagt, sondern sich auch Gedanken machen, warum er es sagt und was das Experiment bezweckt, das heißt, die Versuchsperson bemüht sich, auch die Sichtweise des Versuchsleiters zu verstehen. Und der Versuchsleiter bezweckt sicher nicht, vor Zeugen einen Mord (noch dazu an sich) ausführen zu lassen. Mit anderen Worten, die Versuchspersonen zeigen dieses destruktive Verhalten nicht, weil sie Hypnose willenlos macht, sondern weil sie auch in Hypnose die Situation richtig wahrnehmen – z. B. die Tatsache, daß der Leiter des Experimentes verantwortlich dafür ist, daß kein Teilnehmer an dem Experiment zu Schaden kommt. Nun sollte man natürlich auch im Wachzustand in der Lage sein, die Absichten und die Verpflichtungen des Versuchsleiters zu erkennen, was bedeuten würde, daß die Versuchspersonen auch ohne Hypnose in der experimentellen Umgebung bereit sein müssen, (scheinbar) gefährliche Handlungen auszuführen. Genau das konnte mit nicht-hypnotisierten Personen in dem oben geschilderten Experiment gezeigt werden: Die Versuchspersonen griffen auch ohne Hypnose auf Aufforderung des Versuchsleiters nach der Giftschlange und schütteten die Säure in sein (vermeintlich ungeschütztes) Gesicht. Daraus kann geschlossen werden, daß Hypnose nicht dazu notwendig ist, um gefährdende Handlungen im Experiment ausführen zu lassen.

Bisher war nur die Rede von scheinbaren Verbrechen, die unter der Leitung eines Versuchsleiters zu begehen waren. Wie steht es mit den in Hypnose begangenen echten Verbrechen?

Trotz der umfangreichen Behandlung dieses Themas in Film und Büchern gibt es überraschenderweise nur zwei gut dokumentierte Fälle in der Literatur. In einem Fall hatte eine Frau sieben Jahre lang außereheliche Beziehungen zu einem Mann, der sie mittels Hypnose zur Prostitution zwang und ihr schließlich in Hypnose befahl, sich und ihren Mann zu töten. Tatsächlich gab es Hinweise, daß sie versucht hatte, ihren Mann zu vergiften, und wohl auch Selbstmordversuche unternommen hatte. Ihr Freund bestritt immer wieder, sie jemals hypnotisiert zu haben, und betonte, daß er nichts über Hypnose wisse.

In einem weiteren Fall überfiel ein Mann in Hypnose eine Bank und tötete dabei zwei Bankangestellte. Vor Gericht sagte er aus, er habe während des Überfalls unter dem Einfluß von Hypnose gestanden, die ein enger Freund herbeigeführt habe. Nach Abschluß des Prozesses sagte der Täter aus, sein Freund habe ihn nie hypnotisiert und sei für das Verbrechen nicht verantwortlich.

In beiden Fällen ist es schwierig, den Anteil der Hypnose an der Ausführung der Delikte zu bewerten. In beiden Fällen ist es auch denkbar, daß der Hinweis auf die Hypnose als Schutzbehauptung aufgestellt wurde, um nicht die Verantwortung für das eigene Tun übernehmen zu müssen. Wir wollen die hier möglichen Deutungen nicht weiter verfolgen. In der Hypnoseforschung geht man heute im allgemeinen davon aus, daß kriminelle, zerstörerische Handlungen durch Hypnose *allein* nicht bewirkt werden können, wenn nicht schon zuvor ein enges Abhängigkeitsverhältnis besteht, das allein schon die Tat erklären könnte. Wenn Hypnose scheinbar erfolgreich verwendet wurde, bildet diese nur den Rahmen für die Ausführung des Delikts, in dem letztlich ein seit längerem bestehendes Abhängigkeitsverhältnis ausgenutzt wird.

Die hypnotische Suggestion ist nicht so mächtig, wie man ihr das häufig nachsagt. Es ist nicht möglich, allein durch Hypnose eine Person in das willfährige Werkzeug eines anderen zu verwandeln.

Dies gilt insbesondere auch für die Bühnen- oder Showhypnose, auf die wir in Kapitel 6 eingehen wollen. Die Antwort auf die Frage, ob man in Hypnose seinen Willen verlieren kann, könnte man in folgendes Bild fassen: Der Hypnotiseur ist wie ein König, der nur mit Zustimmung seiner Untertanen regieren kann, nicht aber gegen ihren Willen.

Leistungssteigerungen in Hypnose

Steigerung der Gedächtnisleistung

In Kalifornien wurde 1976 ein Bus mit 26 Schulkindern entführt. Die Entführung wurde als Chowchilla-Fall bekannt. Der Busfahrer und die Kinder wurden in einem unterirdischen Verschlag in einem abgelegenen Steinbruch gefangengehalten. Unterstützt von zwei älteren Jungen, gelang es dem Busfahrer, sich mit bloßen Händen aus dem unterirdischen Gefängnis herauszugraben. Der Busfahrer wurde von Beamten des FBI verhört, ohne daß er eine brauchbare Spur für die Verfolgung der Täter liefern konnte. Darauf wurde ein Hypnosefachmann hinzugezogen. In Hypnose führte er den Busfahrer noch einmal in die schreckliche Zeit des Aufenthalts in dem unterirdischen Verschlag zurück, die er unter starken gefühlsmäßigen Reaktionen, mit seinen eigenen Ängsten und den panischen Reaktionen der Kinder wiedererlebte. Danach gelang es ihm, sich in Hypnose an eine Autonummer zu erinnern, die bis auf eine Ziffer mit dem Wagen der Entführer übereinstimmte. Die Entführer konnten daraufhin gefaßt werden.

Ebenfalls in Kalifornien wurden zwei Mädchen von 15 und sieben Jahren in Mexiko entführt, wo das ältere Mädchen sexuell mißbraucht wurde. Nach einigen Tagen wurden beide von dem Entführer freigelassen. Erst in Hypnose konnte sich das ältere Mädchen nach Rückführung in die Zeit der Entführung an einige Einzelheiten erinnern, unter anderem an ein Gespräch zwischen dem Entführer und einem Tankstellenbesitzer über eine Reparatur. Das FBI konnte aufgrund dieser Angaben die Tankstelle ausfindig machen und darüber den Täter identifizieren und verhaften.

Wir haben hier zwei Fälle kennengelernt, in denen es möglich war, das Erinnerungsvermögen in Hypnose zu verbessern. Wurde in diesen Fällen auch das Gedächtnis verbessert? Die zunächst gleich erscheinenden Funktionen «Gedächtnis» und «Erinnerungsvermögen» beziehen sich jedoch auf zwei verschiedene Aspekte. Man kann sich manchmal nicht an einen Namen erinnern, obwohl er im Gedächtnis gespeichert ist. Zwei Tage später fällt uns dann der gesuchte Name plötzlich wieder ein. Er muß also die ganze Zeit über im Gedächtnis vorhanden gewesen sein. Diese Unterscheidung von Erinnerungs- und Gedächtnisleistung müssen wir auch bei der Betrachtung der hypnotischen Verbesserung des Gedächtnisses berücksichtigen. Zwar gibt es immer wieder Beispiele für die sogenannte Hypermnesie, die gesteigerte Gedächtnisleistung in Hypnose. Aus den zahlreichen Untersuchungen über Hypnose und Gedächtnis weiß man aber heute, daß das Gedächtnis durch Hypnose nicht verbessert werden kann. Was aber möglich ist, und das zeigen die oben geschilderten beiden Fälle, ist eine Verbesserung des Erinnerungsvermögens durch die hypnotische Beseitigung einer gefühlsmäßigen Blockierung, durch die der Zugriff auf die vorhandene Information im Gedächtnis frei wird.

Die Möglichkeit, Hypnose zur Befragung von Zeugen bei Gerichtsprozessen einzusetzen, hat Hypnoseforscher dazu angeregt, diese Möglichkeit experimentell zu untersuchen. Den Versuchspersonen zeigt man dazu etwa einen Videofilm über einen Unfall und vergleicht, ob die anschließende Befragung in Hypnose mehr richtige Einzelheiten zutage fördert als die Befragung im Wachzustand. Zwei Schlußfolgerungen aus den entsprechenden Untersuchungen sind für die Beurteilung, ob Hypnose für die Zeugenbefragung geeignet ist, wichtig: Personen neigen bei Befragung in Hypnose dazu, mehr Einzelheiten zu berichten als bei Befragung im Wachzustand. Vergleicht man aber die richtigen Einzelheiten aus der Hypnosebefragung mit denen, die im Wachzustand berichtet werden, so stellt sich heraus, daß kein Unterschied zwischen der Befragung in Hypnose und im Wachzustand besteht – mit anderen Worten, die Einzelheiten, die in Hypnose zusätzlich berichtet werden, sind falsch. Das ist vor allem der Fall, wenn eine Frage wie «Welche Haarfarbe hatte die Frau am Steuer des Wagens?» als Suggestivfrage gestellt wird («Haben Sie die blonde Frau am Steuer des Wagens gesehen?»). Durch derartige Fragen können in Hypnose Gedächtnisinhalte «erzeugt» werden (Pseudogedächtnis), von deren Richtigkeit der Hypnotisierte so überzeugt ist, daß er sie später beeiden würde. Eine Versuchsperson, der die Suggestivfrage über die blonde Frau am Steuer gestellt wurde, konnte sogar deren Frisur beschreiben und war vollkommen verblüfft, als sie auf dem noch einmal abgespielten Videofilm eine völlig andere Frau mit schwarzen Haaren hinter dem Steuer des Wagens sah.

Hypnose kann sehr hilfreich sein, um mögliche Hinweise auf Tatumstände, Täter etc. zu bekommen, ist aber keine Garantie für die Richtigkeit der erinnerten Einzelheiten. Im Gegenteil, es kann sogar zur Erzeugung von Pseudogedächtnissen kommen, die unter Umständen unschuldige Personen belasten.

Hypnose kann auch von Zeugen verwendet werden, um ihren Aussagen eine höhere Glaubwürdigkeit zu verleihen. In Ohio verlangte 1978 ein Mann, der unter Mordverdacht stand, eine Befragung in Hypnose, da er sich nicht mehr genau an die Ereignisse der Tatzeit erinnern würde. In Hypnose schilderte er Ereignisse, die seine Unschuld zu beweisen schienen, und brachte damit die Presse dazu, seine Unschuld auch über die Medien zu propagieren. Ein Hypnosefachmann konnte dann nachweisen, daß der Angeklagte die Hypnose nur simuliert hatte. Das Videoband über die «Hypnose» des Angeklagten, das dessen angebliche Unschuld beweisen sollte, wurde vom Gericht als Beweismaterial ausgeschlossen.

Auf jeden Fall müssen derartige Befragungen unbedingt mit dem Videogerät aufgenommen werden, wie unsere eigenen Erfahrungen zeigen. Bei einer sechzehnjährigen ehemaligen Drogenabhängigen, deren Freund ermordet worden war, sollte mittels Hypnose das Erinnerungsvermögen für einen mysteriösen Unfall wiederhergestellt werden: Vor einiger Zeit wurde sie im Hof eines Gasthauses mit schweren Verletzungen gefunden, die zu einer halbseitigen Lähmung geführt hatten. Sie konnte sich nicht an die Zeit vor dem Unfall erinnern. Während der zweistündigen Befragung in Hypnose berichtete sie von einem zuvor unbekannten Treffen von Rauschgifthändlern, bei dem sie zugegen war und das im Streit endete, in dessen Verlauf mit einem Schemel auf ihren Kopf eingeschlagen wurde. Bei Durchsicht des Videomitschnitts nach der Befragung zeigte eine Szene, in der ein neues Videoband eingelegt werden mußte, daß die Befragte schnell die Augen öffnete und ruckartig den Kopf hob, um die Bedienung des Videogerätes zu beobachten, was ihre Glaubwürdigkeit in Frage stellte.

Die erst in neuerer Zeit gewonnenen Untersuchungsergebnisse über die Tauglichkeit von Hypnose als Mittel zur Tataufklärung in Gerichtsprozessen hat in den USA und in England auch Folgen auf der juristischen Ebene gezeigt. So hat 1987 der englische Innenminister Hurd in einem Rundschreiben die Polizeichefs angewiesen, Zeugen nicht mehr unter Hypnose befragen zu lassen.

Bisher war immer nur von der möglichen Verbesserung des Erinnerungsvermögen in Hypnose die Rede. In einer eigenen Untersuchung an der Universität Konstanz haben wir in einem Experiment eine *Verschlechterung* des Erinnerungsvermögens für in Hypnose gehörte Wörter gefunden. Versuchspersonen, denen während einer hypnotischen Rückführung in die Kindheit eine Liste von Wörtern vorgelesen wurde, wurden anschließend die vorgelesenen Wörter (z. B. Spaten, Ofen) zusammen mit Wörtern vorgelegt, die nicht in der vorgelesenen Liste vorkamen (z. B. Spaten-Schaufel; Herd-Ofen). Das gleiche wurde im Wachzustand durchgeführt. Wie man sieht, bezeichnen bei diesen Wortkombinationen wie «Herd-Ofen» beide Wörter das gleiche Objekt. Die Versuchspersonen hatten die Aufgabe, jeweils das Wort anzukreuzen, von dem sie glaubten, daß es zuvor vorgelesen worden war (z. B. bei «Herd-Ofen» war das richtige Wort «Ofen»). Wir fanden heraus, daß die Versuchspersonen mehr Fehler bei dieser Aufgabe machten, wenn die Wörter in Hypnose vorgelesen wurden, während weniger Fehler bei den im Wachzustand vorgelesenen Wörter auftraten. Das macht auch Sinn, wenn wir uns daran erinnern, daß in Hypnose eher ein bildhaftes Denken vorherrscht, das heißt Wörter eher in Bilder umgesetzt werden. Die Wörter «Herd» und «Ofen» können das gleiche Bild hervorrufen. Nach der Hypnose weiß die Versuchsperson dann zwar noch, daß da ein Bild von einer Wärmequelle war, kann aber nur schwer sagen, ob dieses Bild durch das Wort «Ofen» oder «Herd» erzeugt wurde. Es scheint sich also nicht das Erinnerungsvermögen verändert zu haben, sondern nur die Art und Weise, in der in Hypnose erhaltene Information im Gedächtnis aufbewahrt wird (nämlich in Bildern).

Abschließend wollen wir noch einmal festhalten, daß in Hypnose eine Steigerung der Gedächtnisleistung nicht möglich ist, wohl aber eine Verbesserung des Erinnerungsvermögens, wenn der Zugang zu Gedächtnisinhalten durch belastende Erlebnisse verschüttet ist.

Steigerung der muskulären Belastbarkeit

Wer kennt nicht die in Hypnoseshows oft vorgeführte Demonstration der «kataleptischen Brücke»: Dabei wird eine Person, der suggeriert wurde, sie sei steif wie ein Brett, zwischen zwei Stühle gelegt. Zu guter Letzt steigt der Showhypnotiseur noch auf die Person, ohne daß ihr Körper nachgibt. Diese Leistung scheint nur möglich zu sein, weil sich die Person in einem besonderen Zustand, eben dem der Hypnose, befindet.

Auch dieses hypnotische Phänomen wurde in mehreren Untersuchungen einem experimentellen Test unterzogen. In einer Studie wurden 24 Personen in Hypnose mit der Suggestion vollkommener Steifheit des Körpers zwischen zwei Stühle gelegt und die Zeit gemessen, bis die Versuchspersonen nachgaben und der Körper einknickte. Die durchschnittliche Dauer wurde mit der Leistung von 24 Versuchspersonen verglichen, die die gleiche Aufgabe im Wachzustand durchführten. Dabei zeigte sich kein Unterschied. Beide Gruppen konnten die Körpersteife etwa 2½ Minuten aufrechterhalten. Auch der Vergleich zwischen hoch- und geringsuggestiblen Versuchspersonen erbrachte keinen Unterschied. Wenn wirklich die Tiefe der Hypnose für derartige Leistungen entscheidend ist, sollten natürlich Personen mit großer Hypnosefähigkeit eine bessere Leistung erbringen als solche mit geringer Hypnosefähigkeit. Dies war aber nicht der Fall.

Ähnliche Untersuchungen, in denen die Versuchspersonen ein Gewicht mit horizontal ausgestrecktem Arm möglichst lange hochhalten sollten oder einen Hand-Dynamometer betätigen mußten (mit diesem Gerät kann man die Stärke des Händedrucks bestimmen), zeigten vergleichbare Resultate: Der hypnotische Zustand führte nicht zu einer Steigerung der muskulären Belastbarkeit.

Reinkarnation

Das wohl bekannteste Beispiel für eine hypnotische Rückführung in ein früheres Leben ist der Fall der Bridey Murphy. Eine braunhaarige, schlanke Hausfrau namens Virginia Tighe erlebte 1952 in Hypnose ein früheres Leben, das sie angeblich im vorigen Jahrhundert als Bridey Murphy in Cork in Irland geführt hatte. Die Schilderung dieser früheren Existenz war ungemein lebendig. Sie erzählte viele Einzelheiten über Irland und ihr damaliges Leben, in dem sie rothaarig war, und sprach dabei in einem breiten irischen Dialekt. In der Trance tanzte sie sogar eine «jig», einen irischen Tanz. Sie erzählte, sie sei in einem weißen Haus geboren worden. Der Vorname der Mutter war Kathleen. Als ihr Bruder starb, war sie vier Jahre alt. Ihr Lieblingslied war «Londonderry Air». Sie berichtete auch von verschiedenen Personen – wie einem Freund mit dem Namen Kevin, ihrem Ehemann Sean Joseph Brian MacCarthy und ihrem Onkel «Plazz». (Hier wurde von Irlandkennern vermutet, daß es sich um eine lautmalerische Umschreibung des seltenen irischen Vornamens «Blaize» handeln könnte.) Gestorben sei sie an den Folgen eines Treppensturzes.

Der Bericht über diesen Fall in der Sonntagsbeilage der Zeitung «Denver Post», der unter dem Titel «Die merkwürdige Suche nach Bridey Murphy» erschien, erregte ungeheures Aufsehen. Es wurde ein Buch gleichen Titels veröffentlicht, das in fünf Sprachen übersetzt wurde und über viele Wochen ein Bestseller war, der in gekürzter Form in mehr als 40 amerikanischen Zeitungen nachgedruckt wurde. Filmrechte wurden verkauft, und eine Langspielplatte erschien, die die Hypnosesitzung mit der Reinkarnation wiedergab. Sogar Schlager bezogen sich auf diesen aufsehenerregenden Fall wie der «Bridey Murphy Rock and Roll» und «The Love of Bridey Murphy».

Große Zeitungen schickten ihre Reporter nach Irland, um nach der historischen Bridey Murphy zu suchen. Die Suche verlief allerdings ergebnislos. Dafür waren andere Reporter, die in der Kindheit der Virginia Tighe suchten, erfolgreicher. Sie fanden nämlich einige verblüffende Ähnlichkeiten zwischen dem Leben der Virginia Tighe und ihrer früheren Existenz als Bridey Murphy: Auch Virginia war in einem weißen Haus geboren worden, das dem der Beschreibung von Bridey glich. Der Name ihrer Mutter war Katherine, der dem von Brideys Mutter glich (Kathleen). Virginias Bruder starb, als sie fünf Jahre alt war – Bridey war vier, als ihr Bruder verstarb. Auch in Virginias Leben gab es einen Treppensturz, wenn auch ohne tödliche Folgen: den ihrer Schwester.

Dies sind zunächst noch recht oberflächliche Übereinstimmungen. Wirklich interessant sind die folgenden Einzelheiten: Virginia lebte als Kind in der unmittelbaren Nachbarschaft einer Frau mit rotem Haar, die irischer Abstammung war und den Namen *Cork*ell hatte. (Wir erinnern uns, daß Bridey angeblich in Cork geboren wurde.) Zu dieser Frau und deren Kindern fühlte sie sich hingezogen. Eines der Kinder hieß Kevin. Der Vorname der Frau war Bridie («ie» anstelle von «ey»), und ihr Mädchenname war Murphy! Die «Bridey Murphy» der vermeintlichen Reinkarnation entpuppte sich als die Bridie Murphy aus den Kindheitstagen Virginias.

Noch weitere Einzelheiten machten die Reinkarnationsinhalte aus der Vergangenheit der Virginia Tighe verständlich. Virginia hatte einen Onkel namens «Plazz» genauso wie Bridey. Einer ihrer Verwandten wußte zu berichten, daß sich Virginia als Mädchen auf den Straßen ein paar Pennies mit dem Tanzen von irischen «jigs» verdient hatte. Eines ihrer Lieblingslieder war «Londonderry Air» gewesen, genau wie für Bridey Murphy. Ihr ehemaliger Lehrer berichtete, daß sie mehrmals irische Monologe in einem breiten irischen Dialekt vorgetragen hatte, unter anderem in einer Rolle als Maggie MacCarthy. MacCarthy war im übrigen der Nachname von Bridey Murphys Ehemann. Vielleicht besteht sogar ein Zusammenhang zwischen den roten Haaren von Bridey Murphy und der Tatsache, daß sich Virginia früher die Haare rot gefärbt hatte.

Die Nachforschungen der Reporter ergaben also, daß die Inhalte der Reinkarnation von Bridey Murphy durch Erfahrungen und Erlebnisse aus dem Leben der Virginia Tighe bestimmt wurden. Auch die Ergebnisse von experimentellen Untersuchungen zum Phänomen der Reinkarnation in Hypnose zeigen, daß die Inhalte einer hypnotischen Reinkarnation mehr mit dem gegenwärtigen Leben als mit den Erfahrungen eines früheren Lebens zu tun haben.

In einer Untersuchung wurde eine Gruppe von Versuchspersonen darüber informiert, daß bei einer Reinkarnation auch Persönlichkeiten aus einer anderen, exotischen Kultur, einer anderen Rasse oder des andern Geschlechts auftauchen könnten. Einer anderen Versuchspersonengruppe wurden keine derartigen Informationen gegeben. Die Gruppe mit den Hinweisen auf das Erleben einer Veränderung von Kultur, Rasse und Geschlecht in der Reinkarnation berichtete nach einer entsprechenden hypnotischen Sitzung häufiger von solchen Veränderungen als die andere Gruppe, deren Reinkarnationserlebnisse eher in einer westlichen Zivilisation ohne Änderung des Geschlechts oder der Rasse spielten. Die Inhalte der Erlebnisse waren also beeinflußt durch die kurz zuvor gegebene Information.

Untersucht man, ob die Angaben aus der Reinkarnationshypnose historisch richtig sind, so findet man häufig falsche Angaben. Ein Mann zum Beispiel, der während einer Hypnose eine «Reinkarnation» erlebte, berichtete, daß er im Jahr 50 nach Christus lebe und der römische Kaiser Julius Cäsar sei. Cäsar aber war niemals gekrönter römischer Kaiser und starb im Jahr 44 vor Christus. Darüber hinaus entwickelte sich die Gewohnheit, die Jahreszahl auf Christi Geburt zu beziehen, erst Jahrhunderte später.

In einer weiteren Untersuchung wurden die Teilnehmer des Experimentes ermutigt, die Reinkarnationserlebnisse mit der Gegenwart in Verbindung zu bringen. Dabei zeigte sich oft ein unmittelbarer Zusammenhang. Der Mann, der sich in Hypnose als Cäsar erlebt hatte, nahm gerade an einem Geschichtskurs teil, an dem ihn besonders die Geschichte des alten Rom interessierte. Anderen Personen fiel nach ihren Reinkarnationserlebnissen auf, daß die Ehepartner im früheren Leben Ähnlichkeiten mit den Partnern oder Bekannten im jetzigen Leben hatten und teilweise gar denselben Vornamen trugen oder daß das Land, in dem die Reinkarnation erlebt wurde, das Urlaubsland des letzten Sommers war. Aufgrund solcher Untersuchungen werden Reinkarnationserlebnisse in Hypnose heute als kreative Phantasien angesehen, bei denen sich – ähnlich wie im Traum – Ereignisse aus der Gegenwart oder Erinnerungen mit Wünschen oder Erwartungen zu einer «inneren Realität» verbinden, die – insbesondere von Personen mit großer Hypnosefähigkeit – als eine frühere Existenz erfahren wird. Diese Erlebnisse können während der Trance als sehr real erfahren werden und sind für den Beobachter oft sehr beeindruckend.

Auch bei unseren Erfahrungen mit Reinkarnation in Hypnose fanden wir einen Bezug zur Gegenwart der Versuchspersonen. In einem Falle fand sich ein Student in der Hypnose um 1750 als Waldarbeiter im Schwarzwald wieder. Im folgenden Gespräch berichtete er, daß seine Vorfahren früher Waldarbeiter in Bessarabien gewesen waren und er am Tag zuvor durch den Schwarzwald gefahren sei.

In den Reinkarnationserlebnissen können aber auch bedeutsamere Aspekte der Persönlichkeit oder tieferliegende Wünsche zum Ausdruck kommen. Eine unserer Versuchspersonen hatte folgendes Reinkarnationserlebnis: Sie lebte in einer mittelalterlichen arabischen Stadt im 15. Jahrhundert allein mit ihrem Großvater in einem großen leeren Haus und lief gerade, vom Markt kommend, mit einem gestohlenen Krug voll Öl zur Stadtmauer. Über das Zusammenleben mit ihrem sehr religiösen Großvater, für den sie sorgte, berichtete sie, daß dies zwar eintönig sei, sie sich aber glücklich fühle. Besonders liebte sie es, draußen vor der Moschee zu warten, die der Großvater oft aufsuchte.

Im Nachgespräch konnte dieses Erlebnis eines kargen, aber intensiven Zusammenlebens mit einem alten, religiösen Menschen in Zusammenhang gebracht werden mit einer mangelnden religiösen Entwicklung im Elternhaus der Versuchsperson. Sie bezeichnete ihre Eltern, die einen aufwendigen Lebensstil führten, als «Lippenchristen», die sie nicht als Vorbild für die Entwicklung einer eigenen Religiosität hatte akzeptieren können.

Hier wollen wir die Betrachtung der Vorurteile gegenüber der Hypnose abschließen. Wir haben zwar sicher nicht alle, aber doch die wesentlichen Einwände und Befürchtungen behandelt. Nach Durchlesen des Kapitels haben wir fast den Eindruck gewonnen, daß wir an dieser Stelle alle Leser verloren haben. Der Skeptiker fühlt sich bestätigt und braucht gar nicht mehr weiterzulesen. Derjenige, der von Hypnose viel mehr erwartet hatte, legt das Buch enttäuscht aus der Hand, weil Hypnose offenbar alles das nicht ist, was man damit in Zusammenhang gebracht hat. Und doch wollen wir die Leser bitten, uns noch ein wenig zuzuhören. Auch wenn Willensverlust, Leistungssteigerungen, Reinkarnation nicht kennzeichnend für die Hypnose sind, so hat sie doch einen hohen therapeutischen Wert, wie Sie im folgenden feststellen werden, wenn auch Willensverlust etc. keinesfalls notwendige Voraussetzungen für eine effektive Hypnosetherapie sind.

Zusammenfassung

In diesem Kapitel haben wir uns mit einigen Vorurteilen gegenüber der Hypnose beschäftigt, die die befürchtete Wirkung von Hypnose, erwartete Leistungssteigerungen sowie Reinkarnation (das Wiedererleben eines früheren Lebens) in Hypnose betreffen.

Befürchtungen: Auch ohne Hypnotiseur wacht ein Hypnotisierter nach einiger Zeit wieder auf. Allerdings sollten solche Suggestionen, die im Wachzustand störend sein könnten, zurückgenommen werden, worauf Experimente zum posthypnotischen Auftrag hinweisen. Es lassen sich «scheinbare» Verbrechen in Hypnoseexperimenten suggerieren, was den Verlust des Willens in Hypnose zu beweisen scheint. Doch obwohl in Hypnose, ist dem Hypnotisierten bewußt, daß er in der experimentellen Situation unter der Leitung eines verantwortlichen Versuchsleiters sicher ist. Echte Verbrechen, die in Hypnose begangen werden, sind kaum bekannt. Sie werden auf eine schon länger bestehende Abhängigkeit zwischen Hypnotiseur und Täter zurückgeführt und nicht auf den Einfluß der Hypnose selbst.

Leistungssteigerung: Die Steigerung der Gedächtnisleistung durch Hypnose ist nicht möglich, genausowenig wie die Steigerung der muskulären Belastbarkeit. Allerdings können emotionale Blokkaden beseitigt werden, die die Erinnerung an schwer belastende Erlebnisse verhindern, wie bei Aufklärung von Entführungsfällen (Chowchilla-Fall) geschehen. Hypnose zur «Verbesserung» von Zeugenaussagen zu verwenden ist problematisch, da auch unrichtige Erinnerungen, insbesondere auf Suggestivfragen, nach der Hypnose mit großer Sicherheit als zutreffend angenommen werden.

Reinkarnation: Das Wiedererleben eines «früheren Lebens» kann von Personen mit großer Hypnosefähigkeit relativ leicht erlebt werden. Wie die Analyse der bekannten «Suche nach Bridey Murphy» und experimentelle Untersuchungen ergaben, handelt es sich dabei um eine als real erlebte kreative Phantasie, in der sich, ähnlich wie im Traum, Erinnerungen und Erfahrungen aus dem jetzigen Leben mit Wünschen und Erwartungen verbinden. Für psychotherapeutische Zwecke können Reinkarnationserlebnisse unter Umständen wichtige Hinweise geben.

Kapitel 3:

Geschichte der Hypnose

Ein dämmriges Dunkel liegt über Men-nofer oder Memphis, wie die Griechen die Hauptstadt des alten Ägypten nannten. Die Sonne ist noch nicht aufgegangen und deutet sich nur schwach hinter der Bergkette in der Wüste an. Alles ist ruhig, bis auf einige Wasservögel im Schilf unten am Nil, wo in der Kühle der Dämmerung die großen Barken aus Abydos und Siut liegen, gefüllt mit den Handelswaren aus Nubien und dem Weihrauchland Punt. Ein Mann und ein Knabe tauchen aus einer der Gassen in der Nähe des Hafens auf und gehen schweigend an den dichtgedrängten Häusern des Hafenviertels, auf deren Schwellen noch die Sklaven schlafen, heraus aus der Stadt durch die Gärten in Richtung Wüste. Sie betreten eine Hütte mit einem Fenster, durch das bei Sonnenaufgang die Sonne scheinen wird.

Der Mann bemalt mit einer besonderen Farbe die Augenlider des Knaben, der noch keinen Umgang mit einer Frau haben durfte, stellt ihn auf einen neuen Ziegelstein und legt hinter ihn ein neues, sauberes Leinentuch. Nun befiehlt der Mann dem Knaben, auf die Stelle zu schauen, wo die Sonne gleich erscheinen wird. Als sein Blick wandert, ermahnt er ihn, die Stelle genau zu fixieren. Später streicht er dem Knaben mit dem Ra-Finger, dem Sonnenfinger, über den Kopf. Während der Knabe die Augen geschlossen hat, spricht er siebenmal eine Anrufung und weist den Knaben an: «Sprich zu Anubis und sage ihm: ‹Bringe einen Tisch für die Götter und lasse sie sich setzen.›» Danach bittet er Anubis, den schwarzhäutigen, schakalköpfigen Balsamiergott, mit Vermittlung des Knaben um eine Befragung der Götter über die Zukunft.

So oder ähnlich mögen sich derartige Szenen im alten Ägypten abgespielt haben, wenn einen Viehhändler nach einer Seuche die

Angst vor der Zukunft befiel, ein Feldherr sich um die Chancen bei einer bevorstehenden kriegerischen Auseinandersetzung sorgte oder ein hoher Priester des Amon sich nicht über die richtige politische Entscheidung im klaren war. Bei dieser Darstellung haben wir uns auf den Demotisch-Magischen Papyrus (ein Teil ist im Besitz der Universität Leiden, der andere im Besitz des Britischen Museums London) aus dem ersten nachchristlichen Jahrhundert bezogen, der vermutlich teilweise auf noch ältere Quellen aus dem zweiten Jahrhundert vor Christus zurückgeht. In diesem Papyrus finden wir die ersten schriftlichen Anweisungen zum Erzeugen eines Trancezustandes, der hier verwendet wird, um über ein Medium (einen reinen Knaben) in Kontakt mit einer übernatürlichen Macht zu treten – mit der Welt der Götter und Dämonen –, die einen Blick in die Zukunft bzw. eine Beeinflussung des eigenen Schicksals ermöglichen soll. Hier finden sich auch Anweisungen zur Selbsthypnose über das Fixieren einer Öllampe und der Hinweis, daß man bei Verwendung eines Mediums darauf achten solle, daß es geeignet oder, wie wir es ausdrücken würden, suggestibel ist. Darüber hinaus finden wir den Rat, bei der Einleitung der Trance auch Weihrauch zu verbrennen; viele Jahrhunderte später finden wir ebenfalls Hinweise auf zusätzliche Mittel, die die Einleitung der Trance erleichtern sollen. So etwa 1922 bei dem deutschen Arzt Loewenfeld, der von der Einatmung geringer Mengen von Chloroform und Äther abrät und statt dessen ein viertel bis ein halbes Gramm Veronal empfiehlt (ein heute nicht mehr zugelassenes Schlafmittel). Heutzutage wird auf derartige Mittel völlig verzichtet.

Im «magischen Papyrus» wird die Trance als eine Bewußtseinslage verstanden, aus der ein Blick in die Zukunft möglich ist. An keiner Stelle findet man eine Tranceinduktion für therapeutische Zwecke. Sofern überhaupt Bezug auf die Heilung von Krankheiten genommen wird, werden Beschwörungsformeln oder exotische Arzneien empfohlen (z. B. um Blutfluß zum Stillstand zu bringen, wird die Einnahme von Myrrhe, Knoblauch und Gazellengalle, die mit altem, wohlriechendem Wein vermischt werden, empfohlen).

Tempelschlaf

Wenn auch im «magischen Papyrus» die Trance nicht als Heilmethode erwähnt wird, können wir doch davon ausgehen, daß sie auch im alten Ägypten um 500 vor Christus im Serapis-Tempel in Memphis oder in den Isis-Tempeln entlang des Nils therapeutisch einge-

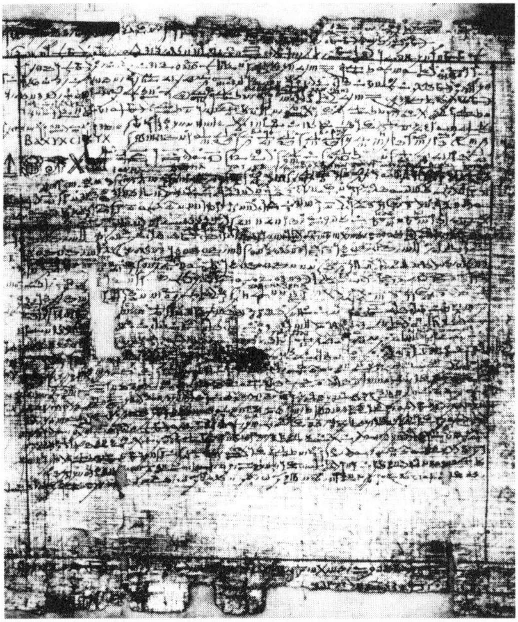

Abbildung 3: Ausschnitt aus dem magisch-demotischen Papyrus aus dem alten Ägypten des ersten nachchristlichen Jahrhunderts, der vermutlich auf weit ältere Quellen zurückgeht. Hier finden sich die erste schriftliche Darstellung von Methoden zur Einleitung einer Hypnose sowie Anweisungen zur Selbsthypnose. Der Papyrus empfiehlt die Hypnose als einen Zustand, in dem Kontakt mit der Welt der Götter aufgenommen werden kann, die über die Zukunft befragt werden können. Die Texte des Papyrus, die sich auf Hypnose beziehen, umfassen die Beschreibung der Methode (Fixationsmethoden) sowie detaillierte Beschwörungsformeln mit den Namen der anzurufenden Götter.

setzt wurde. Dort wurden die Kranken von Priestern in einen neuntägigen, «magnetischen» Schlaf versetzt, in dem ihnen im Traum die Göttin Isis erschien, die Diagnose stellte sowie Anweisungen für die Behandlung gab. Die Tradition des Tempelschlafs wurde im Griechenland der Antike aufgegriffen. Dort finden wir Tempel, die dem Asklepios geweiht sind. Die berühmtesten waren die in Epidaurus, Pergamon und auf Kos. Wie in Ägypten, erschien dem Kranken im Schlaf der Gott, der Behandlungsanweisungen gab oder die Heilung vollzog. Der Tempelschlaf fand in einem besonderen unteriridischen Raum, dem Abaton, statt, dessen Wände mit Heilungsberichten beschriftet waren. Obwohl hier von Schlaf die Rede ist, scheint es sich um hypnotische Zustände gehandelt zu haben. Wie heute in Lourdes oder in der Wieskirche in Bayern, haben auch damals die geheilten Kranken Votivtafeln bzw. Inschriften im Tempel aufstellen lassen oder schriftliche Berichte abgefaßt, die über die wunderbaren Heilungen berichteten. In einem dieser Berichte bezeichnet Aristides den Zustand, in dem ihm der Gott erschien, als «zwischen Schlaf und Wachen» bzw. «manchmal wie in einem Traum, manchmal wie in einer Wachvision». Ebenso äußert sich Marinus («Zwischen Schlafen und Wachen»). Auch Personen mit großer Hypnosefähigkeit vergleichen den hypnotischen Zustand mit dem Zustand kurz vor dem Einschlafen, wenn man nicht mehr ganz wach ist, aber doch noch nicht schläft. Im zweiten vorchristlichen Jahrhundert findet man auch bei den Römern Heilungen durch Tempelschlaf, die in den Tempeln des Äsculapius (dem römischen Gegenstück zum griechischen Asklepios) stattfanden.

Bei den Heilungen im Tempelschlaf wurde dem Gott assistiert von seinen heiligen Hunden oder seinen Schlangen (die «Äskulapschlangen» finden wir heute noch auf vielen Arzneipackungen und in Apotheken abgebildet), die durch Lecken der erkrankten Körperstellen heilten, zum Beispiel einen Blinden durch Lecken der Augen. Der Gott heilte aber auch selbst durch Auflegen seiner Hände, riet zu besonderen Arzneien oder Aktivitäten wie Schwimmen, Reiten, Baden oder zum Verfassen von Gedichten und Theaterstücken. Asklepios verschrieb auch paradoxe Kuren, wie es dem Patienten Aristides und seinem Arzt Theodotus schien. Aristides war seit Monaten bettlägerig, sehr geschwächt, und eine schwere Hautentzündung hatte sich bis zum Bauchnabel ausgebreitet. Im Traum «verschrieb» ihm Asklepios Aufgaben wie barfuß zu rennen, obwohl es Winter war; bei Sturm auf die andere Seite des Hafens zu segeln, dort Honig und Eicheln zu essen und sich daraufhin zu übergeben. Aristides befolgte die Ratschläge und wurde vollkommen geheilt.

Heilungen im Schlaf werden auch aus der früheren Zeit des Christentums berichtet, wobei nun aber Heilige und keine heidnischen Götter die Heilung bewirken. Basil, Bischof von Seleukia im vierten Jahrhundert, berichtet von einer Heilung seiner Ohrenschmerzen durch St. Thekla, die ihm in einer Vision die Hand auflegt und ihn damit von den Schmerzen befreit. Handauflegen zur Heilung von Krankheiten wurde später auch im Wachzustand von den englischen und französischen Königen mit Erfolg ausgeübt. Unter den deutschen Fürsten wurde den Habsburgern die Fähigkeit zugeschrieben, Kröpfe heilen zu können.

Exorzismus

Wir wollen uns jetzt mit einem großen zeitlichen Sprung in das Jahr 1775 begeben. Von diesem Zeitpunkt an beginnt sich die Hypnose von ihrem mythisch-religiösen Hintergrund zu lösen. Die beiden Hauptfiguren in diesem Ablösungsprozeß sind Johann Joseph Gassner (1727–1779) und Dr. Franz Anton Mesmer (1734–1815), der eine ein katholischer Priester und Exorzist, der andere ein Arzt und Verfechter naturwissenschaftlicher Prinzipien.

Gassner arbeitete 1758 zunächst als Landpfarrer in Klösterle, einem kleinen Dorf in der Ostschweiz. Einige Jahre später befielen ihn häufig heftige Kopfschmerzen und Schwindelanfälle, insbesondere vor der Predigt, vor dem Gottesdienst oder wenn er die Beichte abnehmen sollte. Dieser Umstand erregte bei ihm den Verdacht, daß diese Störungen durch den Teufel bewirkt würden. Um seiner Beschwerden Herr zu werden, bekämpfte er sie mit den Exorzismus-Riten der katholischen Kirche und hatte damit Erfolg; seine Beschwerden verschwanden. In der Folgezeit begann er kranken Menschen mit Exorzismusgebeten zu helfen, und dies mit so erstaunlichem Erfolg, daß er Zulauf aus allen Himmelsrichtungen und Bevölkerungsschichten bekam. Das Aufsehen, das er erregte, war so groß, daß sich später sogar der Papst mit dem Fall beschäftigen mußte. Schauen wir einmal bei einer seiner exorzistischen Sitzungen

Abbildung 4: Im alten Ägypten und später im antiken Griechenland wurde in den Tempeln des Asklepios – wie etwa in Epidaurus oder auf Kos – die Behandlung von Krankheiten durch den «Tempelschlaf» praktiziert. Dabei wurde zwar nicht mit hypnotischen Methoden gearbeitet, doch ist der Bewußtseinszustand des Tempelschlafs mit dem hypnotischen Zustand vergleichbar. Antike Erfahrungsberichte beschreiben den Bewußtseinszustand während des Tempelschlafs als Zustand zwischen «Wachen und Schlafen», eine Beschreibung, die man auch heute von Personen hört, die Hypnose gut erfahren können. Nach erfolgreicher Behandlung ließen die dankbaren Patienten häufig sogenannte Votivtafeln aufstellen, auf denen Ausschnitte aus der Behandlung bzw. wichtige Erlebnisse während der Therapie dargestellt wurden. Die hier wiedergegebene Votivtafel zeigt die Heilung eines Kranken durch Asklepios bzw. durch den Biß der – dem Asklepios geweihten – Schlange. (Tempelschlaf. Aus Karl Kerényi «Der göttliche Arzt», CIBA Basel, 1948)

zu, wie sie in einem Brief des Abbé Bourgois beschrieben wird und im «Archiv für thierischen Magnetismus» 1820 wiedergegeben wurde:

«Die ersten Patienten waren zwei Nonnen, die wegen ihrer Krampfanfälle genötigt gewesen waren, ihr Kloster zu verlassen. Gassner gebot der ersten, vor ihm niederzuknien, fragte sie kurz

Abbildung 5: Gegen Ende des 18. Jahrhunderts erregte der Priester Johann Joseph Gassner (1727–1779) großes Aufsehen mit seinen exorzistischen Heilungen. Auf dieser zeitgenössischen Darstellung sehen wir Gassner im Schloß Meersburg (Bodensee) bei der Austreibung eines bösen Geistes, der – dargestellt als kleiner schwarzer Drache – den Körper des Kranken verläßt.

nach ihrem Namen, ihrer Krankheit und ob sie damit einverstanden sei, daß alles geschehen solle, was er befehlen werde. Sie stimmte zu. Nun sprach Gassner feierlich auf lateinisch: ‹Wenn in dieser Krankheit etwas Unnatürliches ist, so befehle ich im Namen Jesu, daß es sich sogleich wieder zeigen solle.› Die Patientin bekam sogleich Krämpfe. Nach Gassner war dies ein Beweis dafür, daß die Krämpfe von einem bösen Geist hervorgerufen wurden und nicht durch eine natürliche Krankheit. Nun ging er dazu über, zu demonstrieren, daß er Macht über den Dämon habe. Er befahl ihm auf lateinisch, in verschiedenen Körperteilen der Patientin Krämpfe hervorzubringen; er rief nacheinander die äußeren Erscheinungsbilder von Trauer, Albernheit, Gewissenszweifeln, Wut usw. hervor und sogar das ‹Bild des Todes›. Alle seine Befehle wurden pünktlich ausgeführt. Es schien nun folgerichtig, daß es, sobald ein Dämon so weit gezähmt war, relativ einfach sein mußte, ihn auszutreiben, was Gassner auch tat. Dann verfuhr er mit der zweiten Nonne auf die gleiche Weise.»

Seine plötzliche Berühmtheit verschaffte Gassner verschiedene Einladungen. So reiste er unter anderem an den Bodensee, wo er große Erfolge in Salem und in Meersburg hatte, allerdings ohne das Wohlwollen des Bischofs von Konstanz zu gewinnen. In der Tat wurde in «aufgeklärten» Kreisen der katholischen Kirche die breite Wirkung Gassners mit Unbehagen betrachtet. Man befand sich in der Zeit der «Aufklärung», die nach vernünftigen Erklärungen suchte und übernatürlichen Erklärungsansätzen ablehnend gegenüberstand.

Animalischer Magnetismus

Im Spätherbst 1775 setzte der bayrische Kurfürst Max Joseph eine Kommission zur Untersuchung der exorzistischen Praktiken ein. Unter anderem wurde auch Franz Anton Mesmer eingeladen, der Aufsehen mit der Entdeckung einer neuen Form von Energie erregte, die er den tierischen oder animalischen (d.h. den belebten Organismus betreffenden) Magnetismus nannte. Eine ungünstige Verteilung der magnetischen Energie im menschlichen Körper verursache die verschiedensten Krankheiten, und nur durch eine gleichmäßige Neuverteilung könne die Krankheit beseitigt werden. Die Neuverteilung der magnetischen Energie erfolge, indem der Magnetiseur mit den Händen über den Körper des Kranken streicht. Die magnetische Umverteilung zeige sich in der sogenannten Krise, die sich in Zuckungen und Krämpfen ausdrücke.

Es bedeutete einen Sieg der aufgeklärten Kreise über die eher religionsgebundenen, traditionellen Kreise, die Gassner zugetan waren, als Mesmer am 23. November 1775 der Kommission demonstrieren konnte, daß die Krämpfe und Zuckungen der Exorzismen Gassners allein durch den «animalischen Magnetismus» erzeugbar waren. Es war also gar kein Teufel im Spiele, sondern eine quasiphysikalische Kraft, das heißt eine wissenschaftlich zu begreifende Form von Energie. Mesmer erklärte denn auch, daß Gassner über den tierischen Magnetismus heile und seine Erfolge fälschlicherweise dem exorzistischen Ritual zuschreibe. Während Gassner auf Weisung kirchlicher Kreise seine exorzistische Praxis stark einschränken mußte und nur noch Patienten exorzierte, wenn sie von Geistlichen geschickt wurden, ging der Stern Mesmers strahlend auf.

Franz Anton Mesmer wurde am 23. 5. 1734 in Iznang am deutschen Ufer des Bodensees geboren. Sein Vater war Jäger im Dienste des Fürstbischofs von Konstanz. Der Öffentlichkeit fällt er zum ersten Mal in Wien auf. Nach Abschluß seines medizinischen Studiums hat er hier reich geheiratet, und seine neue «magnetische» Behandlungsweise macht ihn bekannt. Seine Gesellschaften, die auch von der Familie Mozart besucht werden, sind beliebt. Diese Idylle wird jedoch durch einen Skandal um die angebliche Heilung eines blinden Mädchens zerstört. Mesmers Gegner bestreiten die von ihm behauptete zeitweilige Heilung der Blindheit und bezichtigten ihn der Scharlatanerie. Mesmer verläßt Wien und geht 1778 nach Paris, wo er eine große magnetische Praxis einrichtet. Seine Erfolge machen ihn schnell berühmt, die etablierten medizinischen Kreise aber sind gegen ihn. Schließlich setzt der französische König Ludwig XVI. im März 1780 eine Kommission von namhaften Gelehrten ein, die die «magnetischen» Kuren überprüft. Die Kommission befindet, daß die magnetischen Phänomene auf Einbildung beruhen.

Die Heilerfolge hingegen werden nicht angezweifelt. Trotz dieses Urteils wächst Mesmers Einfluß unaufhörlich. In verschiedenen französischen Städten bilden sich Vereinigungen, sogenannte «Harmonien», die die Lehre Mesmers anwenden. Die Französische Re-

Abbildung 6: Franz Anton Mesmer (1734–1815) gilt als der Wegbereiter der modernen Hypnosetherapie und hatte besonders im Frankreich vor der Französischen Revolution viel Erfolg. Er vertrat die Theorie, daß alle Krankheiten nur auf *eine* Ursache zurückzuführen seien, nämlich auf ein Ungleichgewicht des von ihm «entdeckten» animalischen oder «thierischen Magnetismus» im Organismus. Der Magnetiseur, der über besonders viel Magnetismus verfüge, könne beim Patienten durch wiederholtes Bestreichen eine Krise hervorrufen, die zu Zuckungen und krampfartigen Schüttelanfällen beim Patienten führt. Durch die Krise würde der Magnetismus im Körper des Kranken wieder harmonisch verteilt und der Patient geheilt. Heute wissen wir, daß seine Theorie falsch ist und seine Behandlungserfolge auf suggestiver Einflußnahme beruhten.

volution von 1789 setzt dem langjährigen Pariser Aufenthalt Mesmers, der auch Kontakt zu führenden Vertretern der Französischen Revolution unterhielt, ein Ende. Er verliert sein Vermögen und zieht sich an den Bodensee zurück (u. a. nach Frauenfeld im schweizerischen Thurgau, nach Konstanz und Meersburg). Hier lebt er zurückgezogen und von der wissenschaftlichen Welt vollkommen vergessen von einer Rente, die ihm der französische Staat zahlt, ist aber doch wohlhabend genug, um sich eine Kutsche mit Pferd und drei Bedienstete halten zu können. Im Alter von 75 Jahren wird er durch den Schweizer Arzt Zugenbühl wiederentdeckt und findet noch einmal die wohlwollende Aufmerksamkeit der wissenschaftlichen Öffentlichkeit. Man bietet ihm die Leitung einer magnetischen Klinik in Berlin an. Er lehnt aber wegen seines Alters ab. Im Haus des heutigen Weinmuseums in Meersburg stirbt er am 5.3.1815. Sein Grab, auf dem ein dreieckiger Marmorstein steht, liegt auf dem Meersburger Friedhof.

Wir haben uns etwas eingehender mit Mesmer beschäftigt und wollen das im folgenden auch mit dem Mesmerismus tun, weil die moderne Hypnose ihren Ursprung nicht in den frühen Trancepraktiken der Ägypter etc. mit im wesentlichen magisch-mythologischem Hintergrund hat, sondern sich als Erbe des Mesmerismus versteht. Das hat zwei Gründe:

Zum einen hat sich die Praxis der Hypnose aus der Praxis der Mesmeristen oder Magnetiseure entwickelt. Dies zeigt sich unter anderem darin, daß bekannte Hypnoseforscher des 19. Jahrhunderts durch schaustellerische Darbietungen von Magnetiseuren zu ihren Untersuchungen angeregt wurden und dabei die magnetischen Techniken der Magnetiseure übernahmen – wie es etwa bei James Braid der Fall war, dem die Hypnose ihren Namen verdankt. Beispiele dieser Art belegen, daß die modernen hypnotischen Techniken zum großen Teil aus der Tradition der Magnetiseure stammen. Allerdings sollte man dabei nicht vergessen, daß manche Techniken der späteren Magnetiseure, die sich bei ihrem Vorgehen auf Mesmer beriefen, letztlich älteren Ursprungs sind, wie etwa die Fixationsmethode, die schon in dem oben erwähnten «magischen Papyrus» beschrieben ist.

Zum anderen sieht die moderne Hypnose, die bemüht ist, ihr

Vorgehen wissenschaftlich zu begründen, ihren Ursprung im Mesmerismus, weil dieser anstelle der magisch-mythologischen Begründung zum ersten Mal eine (wie wir heute wissen: falsche) wissenschaftliche Erklärung für die therapeutische Wirksamkeit von Trancephänomenen gab. Mit Mesmer beginnt also die wissenschaftliche Hypnose, obwohl Mesmerismus und Hypnose nicht allzuviel gemeinsam haben, wie wir gleich sehen werden.

Nach Mesmers Auffassung wird das gesamte Universum von einer Kraft durchströmt, die er animalischen Magnetismus oder Lebensfeuer nennt und die sich auch im menschlichen Körper befindet. Alle Krankheiten haben dieselbe Ursache, nämlich eine Stokkung des Lebensfeuers im Körper des Kranken. Der Magnetiseur, der über ein Übermaß an animalischem Magnetismus verfügt, bringt durch Bestreichen das stockende Lebensfeuer im Körper des Kranken wieder zum Fließen. Aus diesen Grundannahmen des Mesmerismus folgen einige Vorstellungen über den Einsatz von Trance in der mesmerischen Therapie, die wir den heutigen Vorstellungen über Hypnose gegenüberstellen wollen.

Einleitung der mesmerischen Krise: Zur Einleitung des mesmerischen Zustandes gingen die Magnetiseure im wesentlichen immer in der gleichen Weise vor: Sie strichen mit den Händen über den Körper des Patienten. Die Arbeit mit diesen Streichbewegungen, den sogenannten *passes* (das französische «passe» bedeutet hier soviel wie «Bestreichen mit den Händen») beschreibt 1814 Stieglitz, ein früher Kritiker des Mesmerismus, folgendermaßen:

«Fortgesetzte, sanfte Bestreichung der bekleideten und nicht bekleideten Oberfläche eines Menschen durch einen andern, in einem größeren oder kleineren Umfang, mit Berührung, Betastung einzelner Stellen, vorzüglich des Kopfes, des Magens, der Schultern, des Rückgrathes, oder auch nur mit Verweilen der Hände in der Nähe dieser Orte, ganz besonders aber die gegenseitige Verbindung der Finger und unter diesen der Daumen: alle diese Manipulationen, gewöhnlich von oben nach unten geleitet, bis zu den Knien und tiefer, aber auch in anderen mannigfaltigen Richtungen und abwechselnden Weisen, mit dem Willen, wie man behauptet, verbunden, wohlthätig und kräftig einzuwirken, leiten die Reihe thierisch-magnetischer Erscheinungen ein, erregen, unterhalten sie.»

Der Beginn der Behandlung wird von Mesmer noch genauer beschrieben:

«Um sich mit dem zu magnetisierenden Kranken, welchem man sich gerade gegenüber in dem angegebenen Gegensatz befindet, in Übereinstimmung zu versetzen, muß man gleich anfangs die Hände auf die Schultern legen, sie der Länge des Armes nach bis zu den Fingerspitzen herunterführen, und den Daumen des Kranken einen Augenblick lang halten; wenn dieses zwei- bis dreimal wiederholt worden, so richte man Ströme vom Kopf bis zu den Füßen; alsdann wiederum suche man die Ursache und den Sitz der Krankheit und des Schmerzes auf.»

Anders als der Mesmerismus kennt die moderne Hypnose eine Fülle verschiedener Techniken, die in der Regel alle das gleiche bewirken: Einengung der Aufmerksamkeit, Veränderung der Körperwahrnehmung und Aktivierung des Vorstellungsraums. Der wesentliche Unterschied zwischen dem Vorgehen des Magnetiseurs und dem des modernen Hypnotiseurs liegt im Gebrauch der Sprache: Während der Magnetiseur ganz ohne sie auskommt und nur seine Hände für die *passes* benötigt, ist der Hypnotiseur bei der Formulierung seiner Suggestionen natürlich auf sie angewiesen.

Die Mesmeristen kannten aber auch eine andere Art der Herbeiführung einer Krise, die eine Anwesenheit des Magnetiseurs nicht erforderte. Als Mesmer um 1780 so viele Patienten hatte, daß er nicht mehr alle einzeln behandeln konnte, führte er das sogenannte *baquet* ein. Dabei handelte es sich um einen mit Wasser gefüllten Holzzuber, dessen Boden mit Eisenfeilspänen und zerstoßenem Glas bedeckt war und in dem kreisförmig Flaschen standen. Durch die Decke des Zubers ragten Eisenstäbe, die von den Patienten in der ersten Reihe auf die leidenden Körperstellen gehalten wurden. Außer den Stäben gab es Seile, die die Patienten mit dem *baquet* verbanden. Darüber hinaus bildeten die Patienten eine «magnetische Kette», indem sie sich gegenseitig mit den Spitzen der Daumen und Zeigefinger berührten. Auch ohne daß Mesmer anwesend war, spürten die Patienten die magnetische Kraft, die dem *baquet* entströmte. In den Tagen des Mesmerismus gab es also auch schon eine Art Apparatemedizin, was bei durchschnittlich 200 anwesenden Patienten in Mesmers Praxis – wie der englische Arzt Grieve 1784 berichtet – auch notwendig erschien.

Im Vergleich zu einer heutigen hypnotherapeutischen Praxis nahm sich die Praxis Mesmers eher exotisch und sein Auftreten im Vergleich zu heute theatralisch aus. Eine typische magnetische Sitzung sah etwa folgendermaßen aus (wir folgen einer Schilderung von Schneider):

Die Patienten versammelten sich zunächst um das *baquet*. Die zuerst Gekommenen nahmen unmittelbar am *baquet* Platz, die späteren in den Reihen dahinter. Mesmer war noch nicht anwesend. Durch die tiefverhängten Fenster drang nur gedämpftes Licht in den Raum. Die Geräusche wurden durch schwere Teppiche und Wandvorhänge verschluckt. Niemand sprach. Die an den Wänden hängenden Spiegel gaben die Anwesenden in verwirrender Vielfalt wieder. Auf ein Zeichen von Helfern bildeten die Patienten die magnetische Kette. Die Spannung und Erregung stieg. Dann vernahm man im Nebenraum eine Art Sphärenmusik; Mesmer spielte hier selbst die Glasharmonika. Aber auch Gesang oder Klaviermusik wurde verwendet. Diese Musik erhöhte die Spannung weiter. Plötzlich flackern die Kerzen, eine Tür öffnet sich, und endlich erscheint Mesmer mit ernstem, ruhigem Gesicht, bekleidet mit einem langen violetten Seidenmantel. Er schreitet langsam auf die schweratmende magnetische Kette zu und befragt flüsternd die Kranken nach ihren Leiden, bestreicht sie und schaut ihnen tief in die Augen. Bald darauf verfällt ein Kranker nach seiner Berührung in die Krise, beginnt zu stöhnen, zu schreien und zu schwitzen. Der Bann des erregten Schweigens ist gebrochen, und die Krise springt auf andere über. Hier windet sich einer in Krämpfen, dort bricht eine Frau in Lachen aus. An anderen Stellen der Kette werden Schreie laut. Die heftigsten Patienten werden in den sogenannten Krisensaal geführt, wo sich Hilfskräfte Mesmers um ihre Beruhigung bemühen. Im *baquet*-Saal kehrt allmählich wieder Ruhe ein. Einige Kranke bitten Mesmer um eine Verstärkung der magnetischen Wirkung. Andere erklären sich für gesund und danken Mesmer auf Knien.

Mesmers erste große Praxis war an der Place Vendôme in Paris. Wegen des großen Zulaufs sah sich Mesmer dann genötigt, in der

Rue Montmartre das geräumige Hotel Bouillon als eigene große Klinik einzurichten.

Änderungen im mesmerisierten Zustand: Der Zustand, der beim Patienten durch die mesmerischen *passes* erreicht werden soll, ist die «Krise». Dazu bemerkt Mesmer:

«Da die allgemeine Ursache aller Krankheiten die Erlöschung der Bewegung in den Gefäßen oder die Stockung *ist; so kann sich auch keine Heilung bewirken ohne eine Krise, und die Kunst zu heilen beschränkt sich entschieden auf die Kenntniß: Krisen hervorzuru-*

Abbildung 7: Als immer mehr Patienten Mesmers Behandlung suchten – zeitweise befanden sich bis zu zweihundert Patienten in seiner Praxis in Paris – führte er das *baquet* ein. Dies bestand aus einem großen, mit Wasser gefüllten Holzzuber, der Eisenspäne, zerstoßenes Glas und Flaschen enthielt. Auf dieses Material hatte Mesmer seine magnetische Kraft «übertragen», so daß er selbst nicht mehr zugegen sein mußte, um bei seinen Patienten die heilsame Krise zu erzeugen. Es genügte, wenn sich die Patienten um das *baquet* versammelten und durch Berühren von Eisenstäben oder Seilen, die aus dem *baquet* führten, die dort «gespeicherte» magnetische Kraft Mesmers aufnahmen. Bei besonders heftigem Ausbruch einer Krise wurden die Patienten von Helfern in das Krisenzimmer getragen. Auf der hier dargestellten Szene sehen wir eine Gruppe von Patienten um das *baquet* versammelt.

fen, ihren Gang und ihre Entwicklung zu leiten und zu erleichtern.... In jeder Krise unterscheidet man drei Zustände: den der Beunruhigung (Perturbazion), den der Kochung und den der Ausleerung. Die Beunruhigung stellt die Anstrengungen einer Art von Kampf zwischen der Anstrengung der Natur und dem Widerstande dar; woraus die Kochung erfolgt, welche eine Verarbeitung der durch das Irre in der Bewegung mehr oder minder ausgearbeiteten Säffte ist, oder eine Anlage: vermittelst des Umtriebs assimiliert oder abgeschieden zu werden. Die Ausleerung sodann ist eine fortschreitende Wirkung der Eingeweide und des Umtriebs...»

Die Phasen der «Beunruhigung» und «Kochung» einer Krise entsprechen im *Verhalten* heftigen körperlichen Bewegungen, Krämpfen und krampfartigen Zuckungen. Nicht selten fallen die Patienten auch zu Boden. Die *körperlichen* Veränderungen lassen sich der Schilderung von Kluge, einem Zeitgenossen Mesmers, entnehmen:

«Der animalische Magnetismus beschleunigt den Puls und das Atemholen, bringt mehr Wärme und Röthe, ein erhöhtes Gemeingefühl und Heiterkeit der Seele hervor. Appetit und Verdauung wachsen, Beschwerden bei derselben verschwinden, die Leibesöffnung, welche vorher erzwungen werden mußte, stellt sich von freien Stükken ein, und der Kranke bekommt Neigung zu solchen Speisen, die ihm dienlich sind, und Widerwillen gegen solche, die ihm schaden. So befördert der animalische Magnetismus alle übrigen Absonderungen die Transpiration, und besonders die Menstruation, zu deren Wiederherstellung er das kräftigste Mittel ist. Er scheint vorzüglich auf das große Geflechte der sympathischen Nerven im Unterleibe zu wirken, und durch die mannigfachen Verbindungen desselben sich dem ganzen übrigen System mitzutheilen.»

Körperlich scheint sich die Krise auszuzeichnen durch eine vermehrte Aktivität der Körperfunktionskreise wie des Herz-Kreislauf-Systems, der Atmung etc., die auf einen größeren Erregungszustand des sympathischen Nervensystems zurückzuführen ist.

Im Erleben des mesmerisierten Zustandes kommt es zu Änderungen in der Körperwahrnehmung und zu emotionalen Änderungen, die aber sehr unterschiedlich sein können. So ist die Rede von Fühllosigkeit der Glieder, aber auch von Wärmevermehrung, Gliederschwere. Die Stimmungen reichen von Frohsinn und Wohlsein bis zu Angst und Beklemmung. An die Vorfälle und das Erleben in der Krise erinnert sich der Kranke nicht.

Wenn wir uns an das erste Kapitel erinnern und an die darin beschriebenen Änderungen in Hypnose denken, so stellen wir fest, daß die Folgen der Einleitung einer mesmerischen Krise und die der Einleitung einer Hypnose, wie wir sie heute kennen, völlig entgegengesetzt sind.

Wie kann man von der modernen Hypnosetherapie und Hypnoseforschung als Erbin des Mesmerismus sprechen, wenn die mit beiden Methoden erzielten Veränderungen so verschieden voneinander sind? Mesmer scheint die Krise mit Krämpfen und ungeordneten Bewegungen als die typische Folge des Mesmerisierens angesehen zu haben, obwohl auch er vermutlich andere, «trophotrope» Erscheinungsformen gesehen hat, die aber erst durch seinen Schüler, den Marquis de Puységur (1751–1825) unter dem Namen «vollkommene Krise» oder «magnetischer Schlaf» bekannt wurden. Diese von Puységur beschriebene «ruhige» Form der Krise setzte sich als die typische Erscheinungsform einer Krise durch. Der «magnetische Schlaf» ist damit der aus dem Mesmerismus hervorgegangene direkte historische Vorläufer des hypnotischen Zustandes, wie er sich uns heute darstellt. Der Übergang von der «ergotropen» zur «trophotropen» Krise spiegelt sich auch in der zeitgenössischen deutschen Literatur zum Mesmerismus wider. So berichten Autoren wie Ennemoser und Kluge von Betäubungsschläfrigkeit, Starrsucht, Steifheit, Schlummer- und Schlafsucht als Folgen des Mesmerisierens.

Der mesmerische Zustand kann sich sowohl durch Erregung (Krise) wie Ruhe (magnetischer Schlaf) auszeichnen. Etwas Ähnliches fanden wir auch in der modernen Hypnoseforschung wieder. Wir hatten im ersten Kapitel gesehen, daß sich der hypnotische Zustand nicht nur bei körperlicher Entspannung, sondern auch in der Bewegung (beim «Fahrradfahren») erzeugen läßt. Auch das Erleben des mesmerischen Zustandes als eines Zustandes «zwischen Wachen und Schlaf», wie ihn Mesmer beschreibt, weist auf die Verwandtschaft zwischen beiden Zuständen hin. Ähnliche Berichte finden wir auch heutzutage bei hypnotisierten Personen und kennen sie schon aus den Zeiten des Tempelschlafs in der Antike, wie wir zu Beginn des Kapitels gesehen haben.

Eignung zur mesmerischen Krise: Nach Auffassung Mesmers ist nur ein Kranker mesmerisierbar:

«Sobald ein Körper in Harmonie ist, so ist er gegen die Wirkung des Magnetismus unempfindlich, weil das bestehende Verhältnis oder die Übereinstimmung durch die Anwendung einer gleichförmigen und allgemeinen Wirkung nicht verändert wird; im Gegenteil wird ein in Disharmonie, d. h. im Zustande, worin die Verhältnisse gestört sind, sich befindender Körper, obschon aus Gewohnheit dagegen unempfindlich, dennoch in diesem Zustande durch die Anwendung des Magnetismus es werden, und dieses zwar aus dem Grunde, weil diese Proporzion oder der Misklang durch diese Anwendung vermehrt wird. Hieraus begreift sich's, daß man nach ge-

Abbildung 8: Die Erscheinungsform der Hypnose, wie wir sie heute kennen, wurde nicht von Mesmer, sondern einem seiner Schüler beschrieben, dem Marquis de Puységur (1751–1825). Puységur (s. Abbildung links) bezeichnete die von ihm erzeugte Bewußtseinsänderung als «ruhige Krise» oder «magnetischen Schlaf», um sie von der mesmerischen Krise mit ihren krampfartigen Schüttelanfällen abzuheben. Wie Mesmer benutzte auch er eine Art *baquet*. In dem nahe bei seinem Schloß gelegenen Dorf Buzancy übertrug Puységur seine «magnetische Kraft» auf eine Ulme, um die sich die Bauern der Umgebung zur Heilung ihrer Gebrechen versammelten und durch Berühren von Seilen, die an die Ulme geknüpft waren, deren magnetische Kraft auf sich übertrugen.

heilter Krankheit unempfindlich gegen den Magnetismus wird; und dieses ist eigentlich das Kriterium der Heilung.»

Nach Mesmer müßte also jeder Kranke mesmerisierbar sein. Dies wird aber durch seine Zeitgenossen nicht bestätigt, wie wir durch entsprechende Angaben aus der Zeit Mesmers wissen: Croquet berichtet 1784, daß von 65 Patienten nur zehn eine Krise erfuhren. Deleuze fand nur bei 10% von 300 Patienten eine mesmerische Krise, wie er 1813 berichtet. Die Société de Giuème fand dies 1785 nur bei fünf von 166 Patienten. Die Krankheit allein – wie Mesmer behauptet – kann also nicht ausreichen, um eine mesmerische Krise zu erfahren. Und so ist es auch mit der Hypnose: Sie wirkt nicht nur bei Kranken, sondern auch bei Gesunden. Daß nicht jeder Kranke mesmerisierbar ist, mußte Mesmer auch selbst entsetzt zur Kenntnis nehmen: Im August 1784 wurde Mesmer von der Lyoner Société de l'Harmonie eingeladen (die Harmoniegesellschaften waren – wie schon erwähnt – dem Studium und der Verbreitung des Mesmerismus verpflichtet), im Beisein des Prinzen Heinrich von Preußen seine Kunst zu demonstrieren, wobei seine Bemühungen alle fehlschlugen.

Wer soll mesmerisieren? Nach Auffassung des Mesmerismus muß der Magnetiseur eine besondere Persönlichkeit sein, dem ein Übermaß an animalischem Magnetismus zur Verfügung steht. So glaubte Mesmer, daß sein Widersacher Gassner, der Exorzist, über mehr magnetische Kraft verfüge als er selbst. Ennemoser weist 1819 auf andere Eigenschaften hin:

«...wer magnetisirt; dieß hängt noch gar sehr von körperlichen und geistigen Eigenschaften ab; der entnervte Schwächling wird keine Wunder wirken, und einem unsinnlichen Menschen öffnet die Natur ihren Tempel der Geheimnisse nicht; er wird mehr Schaden als Nutzen stiften. Kleine Kinder werden am wohlthätigsten von ihrer Mutter oder einer Jungfrau magnetisirt, so wie diese letztern und überhaupt, nicht in seltenen Fällen, dass weibliche Geschlecht vortheilhafter einwirken würde.»

Die sicher richtige Betonung der Persönlichkeit des Magnetiseurs im Mesmerismus finden wir in der modernen Hypnoseforschung leider nicht, die sich eher nur auf die Untersuchung der Wirksamkeit von Hypnosetechniken beschränkt und die Persönlichkeit des

Hypnotiseurs fast völlig vernachlässigt. Dies trifft aber nicht nur auf die Hypnosetherapieforschung zu, sondern auf die Psychotherapieforschung allgemein.

Bei welchen Krankheiten hilft das Mesmerisieren? Der Mesmerismus erhob den Anspruch, *alle* Krankheiten heilen zu können, und kannte dafür nur eine Kur, das Bestreichen des Körpers durch einen Magnetiseur. In diesem Sinne äußert sich der schon zitierte Ennemoser:

«Fragt man noch, welche Krankheiten vorzüglich durch den Magnetismus geheilt werden, so ist die Antwort geradezu alle. Mehr oder weniger auffallend ist bei verschiedenen Übeln auch natürlich seine Wirkung. Sieht man aber die vielen und verschiedenen Behandlungsarten der magnetischen Ärzte durch, so findet man keine einzige Krankheit, die nicht geheilt worden wäre.»

Diesen Anspruch erhebt die moderne Hypnosetherapie nicht. Hypnose ist insbesondere bei psychosomatischen Störungen wie Schmerzen aller Art, Kreislaufproblemen, Asthma, Magenbeschwerden, Rheuma, den verschiedensten Hauterkrankungen, bei Problemen in der Zahnmedizin sowie bei psychotherapeutischen Problemstellungen angezeigt. Bei einer Blinddarmreizung zum Beispiel wäre die Hypnosetherapie überfordert. Zu Mesmers Zeiten war der Begriff der psychosomatischen Krankheit allerdings noch nicht bekannt, der erst von den Medizinern der Romantik im ersten Viertel des 19. Jahrhunderts unter Hinweis auf emotionale Ursachen für Krankheiten geprägt wird.

Wie der Vergleich von Mesmerismus und Hypnose zeigt, hat sich das Erbe des Mesmerismus, die Hypnose, geändert. Was aber gleich geblieben ist, sind die Anliegen, die beide verbinden. Das ist zum einen die therapeutische Verwendung suggestiv-veränderter Bewußtseinszustände und zum anderen das Bemühen, für die damit verknüpften Phänomene eine wissenschaftliche Erklärung zu finden.

Schon die Untersuchungskommission des französischen Königs hatte befunden, daß die Theorie vom tierischen Magnetismus falsch sei: Wurde von mehreren Bäumen ein Baum durch einen Magnetiseur magnetisiert und wurden Patienten an die verschiedenen Bäume herangeführt, so fielen sie häufig in eine Krise auch bei Bäumen, die gar nicht magnetisiert worden waren. Daraus schloß die Kommission, daß es so etwas wie einen tierischen Magnetismus nicht gebe und alles Einbildung, Imagination sei. Aber damit bestätigte die königliche Kommission indirekt, daß die zahllosen unbestreitbaren Heilerfolge Mesmers und seiner Anhänger allein auf Imagination beruhten, ohne die Bedeutung dieser Tatsache zu erkennen. Spätere Kommissionen der Medizinischen Akademie (1831 und 1837), die in Paris die medizinische Brauchbarkeit des animalischen Magnetismus überprüften, erkannten die magnetischen Heilerfolge nicht an, obwohl demonstriert wurde, daß so drastische Operationen wie die operative Entfernung von Krebsgewebe aus der Brust einer Frau oder das Ziehen eines Zahns im magnetischen Schlaf vorgenommen werden konnten, ohne daß die Patienten Schmerzen verspürten. Dies hing wohl auch damit zusammen, daß die Kommissionen gleichzeitig Behauptungen über Hellsehen und andere übersinnliche Phänomene mitüberprüfen sollten, die sich nicht bestätigen ließen.

Die damaligen Kommissionen gaben sich mit dem Nachweis zufrieden, daß es einen tierischen Magnetismus nicht gibt. So wie ein Magnet ein Stück Metall bewegen kann, ohne daß eine Berührung zwischen Magnet und Metall zu beobachten ist, so suchten sie eine «magnetische» Kraft im Magnetiseur, der damit «von außen» auf den Patienten einwirkt. Dabei vernachlässigten sie aber die Kraft von «innen», denn irgendwoher mußten doch die Heilungen kommen, die damals auftraten, genauso wie sie heute auftreten.

Hypnose

Schon Mitte des vorigen Jahrhunderts wurde die Theorie vom animalischen Magnetismus, das heißt die Annahme einer Kraft, die von außen auf den Patienten einwirkt, fallengelassen. Dafür trat nun eine «innere Kraft» in das Blickfeld, die zuvor von den Kommissionen so geschmäht worden war: die Imagination. Und das bedeutete einen radikalen Wandel für die Erklärung der magnetischen Heilungen. Nun wurde die Ursache nicht mehr in der Person des Magnetiseurs gesucht, das heißt in seinen «magnetischen Kräften», sondern beim Patienten. Und damit treten wir nach den altägyptischen Trancepraktiken, dem Tempelschlaf der Antike, dem Handauflegen durch herausragende Persönlichkeiten, dem Exorzismus und dem animalischen Magnetismus in ein neues Zeitalter der geistigen Beeinflussung von körperlichen Krankheiten ein, in das Zeitalter der Hypnose.

Einer der ersten, die den magnetischen Schlaf auf Prozesse im Patienten zurückführten, war der schottische Arzt James Braid (1795–1860), der im englischen Manchester praktizierte. Anfänglich glaubte er noch, eine Ermüdung des Nervensystems würde nach langer Fixierung der Aufmerksamkeit die Trance herbeiführen. Daher nannte er diesen Zustand nicht mehr magnetischen

Abbildung 9: Der schottische Arzt und Chirurg James Braid (1795–1860) übernahm zunächst die Auffassung der Magnetiseure, daß es sich bei der Hypnose um eine Art Schlaf handele. Er prägte in seinem Buch von 1843 den Ausdruck «Hypnose» für den Zustand des «magnetischen Schlafes» – in Anlehnung an den griechischen Gott des Schlafes, «Hypnos», der rechts abgebildet ist. Kurz vor seinem Tod änderte er seine Ansicht über die Natur der Hypnose und führte den hypnotischen Zustand u. a. auf eine Konzentration der Aufmerksamkeit und eine Zunahme der Vorstellungsaktivität zurück. Obwohl schon er anerkannte, daß Hypnose und Schlaf voneinander verschieden sind, wurde der Name «Hypnose» bis heute beibehalten.

Schlaf, sondern «nervösen Schlaf» und wählte dafür den Ausdruck «Neuro-Hypnologie» (Neuro = Nerv, Hypnos = Schlaf), den er zu «Neurypnologie» verkürzte. Schließlich prägte er dann den Ausdruck «Hypnose», der sich in der Folgezeit bis heute behaupten sollte. In einer fünf Jahre vor seinem Tod erschienenen Schrift führt er aber die Trancephänomene nicht mehr auf den nervösen Schlaf zurück, sondern auf eine erhöhte Aufmerksamkeitskonzentration, bei der Imagination, Glaube und Erwartung viel intensiver seien als im Wachzustand. Die Bezeichnung für diesen Zustand aber blieb bis heute bestehen, nämlich «Hypnose».

Soweit unser Ausflug in die (Vor-)Geschichte der Hypnose, den wir bei Einführung des Begriffs «Hypnose» durch Braid (1843) und der um diese Zeit vollzogenen Hinwendung auf die Vorgänge *im Patienten* bei der Erzeugung des hypnotischen Zustandes abbrechen wollen; doch werden wir in den folgenden Kapiteln hier und da noch einmal auf die Geschichte der Hypnose zurückkommen. Im nächsten Kapitel werden wir uns mit den Merkmalen beschäftigen, die eine Person mit hoher Hypnosefähigkeit auszeichnen, und auf die Voraussetzungen eingehen, die ein Hypnosetherapeut erfüllen sollte, um kompetent mit Hypnose umgehen zu können.

Zusammenfassung

Wir haben in diesem Kapitel die Geschichte der Hypnose von der ersten schriftlichen Darstellung einer Hypnoseinduktion im magischen Papyrus aus dem alten Ägypten über den Tempelschlaf der Antike und den Mesmerismus bis hin zur Einführung des Begriffs «Hypnose» durch James Braid (1843) verfolgt. Trotz der langen Vorgeschichte der Hypnose beginnt die wissenschaftlich begründete Hypnose erst mit Franz Anton Mesmer, der in Paris um 1780 ungeheuren Erfolg mit seinen Therapien hatte, die er auf die Anwendung des von ihm entdeckten «thierischen» oder animalischen Magnetismus zurückführte. Obwohl sich die moderne Hypnose als Erbe des Mesmerismus versteht, waren Theorie und Anwendung von Hypnose und animalischem Magnetismus sehr verschieden voneinander – bis auf die Beschreibung des hypnotischen bzw. mesmerischen Zustandes, der als «zwischen Wachen und Schlaf» bezeichnet wurde. Genau die gleiche Kennzeichnung finden wir auch in Berichten von Patienten aus der Antike, die den Zustand im Tempel des Asklepios ebenfalls als «zwischen Wachen und Schlaf» beschreiben.

Kapitel 4:

Wer ist hypnotisierbar?

Schon im magischen Papyrus aus dem alten Ägypten fanden wir den ersten Hinweis, daß nicht alle Menschen gleichermaßen einen hypnotischen Zustand erfahren können. Der Rat- oder Hilfesuchende, der von den Göttern Auskunft über die Zukunft etc. wünschte, sollte ein *geeignetes* Medium aussuchen. Es reichte also nicht aus, einen «reinen» Knaben für die Befragung der Götter auszuwählen, er mußte überdies auch *geeignet* sein. Leider gibt uns der Papyrus keine Auskunft darüber, worin denn die Eignung eines Mediums besteht. Vielleicht hätten dann die Hypnoseforscher schon viel früher erkannt, wonach sie viele Jahrhunderte später mit aufwendigen Methoden gesucht haben, nämlich die Merkmale, die eine Person befähigen, einen tiefen hypnotischen Zustand zu erfahren.

In den Anfängen der modernen Hypnose finden wir noch bei Mesmer die Annahme, daß die Hypnotisierbarkeit allein von dem Gesundheitszustand des Patienten abhängt. Mesmer war der Auffassung, daß nur der Kranke hypnotisierbar sei. Aber schon bei Abbé José Custodia de Faria, einem portugiesischen Priester, der um 1813 in Paris wirkte, finden wir andere Vorstellungen über Hypnotisierbarkeit, die mit dem Gesundheitszustand eines Menschen nichts zu tun haben. Zum einen brachte Faria die Hypnosefähigkeit einer Person in Zusammenhang mit der Fähigkeit, sich zu konzentrieren – also ein eher moderner Gedanke. Zum anderen entwickelte er eine exotisch anmutende Vorstellung von den Faktoren, die die Hypnotisierbarkeit beeinflussen. Die Medizin der damaligen Zeit war der Ansicht, daß das Blut dick- oder dünnflüssig sein könne, was man durch Aderlaß zu regulieren suchte. Davon ausgehend, machte Faria die Fließeigenschaften des Blutes für die Hypnotisierbarkeit verantwortlich. Je dünnflüssiger das Blut sei, so behauptete er, desto hypnotisierbarer sei eine Person. Folgerichtig versuchte er mittels Aderlaß über die Verdünnung des Blutes eine Verbesserung der Hypnosefähigkeit zu erzielen; mit Erfolg, wie er berichtet. Etwas skeptisch könnte man dazu anmerken, daß eine verbesserte Hypnotisierbarkeit leicht mit einer momentanen Kreislaufschwäche nach Aderlaß verwechselt werden kann.

Persönlichkeitsmerkmale

Der Neuling, der sich mit Hypnose beschäftigt, hat häufig die Vorstellung, daß es eher negative Persönlichkeitsmerkmale wie Leichtgläubigkeit, geringe Willenskraft, Hysterie etc. sind, die die Person mit großer Hypnosefähigkeit auszeichnen. Diese Ansicht geht zurück auf den berühmtesten Neurologen der damaligen Zeit, auf den Franzosen Jean-Martin Charcot (1825–1893), der um 1880 begann, Hypnose an hysterischen Patientinnen zu untersuchen. Aufgrund seiner außerordentlich großen wissenschaftlichen Autorität wurde die Beschäftigung mit Hypnose auch in wissenschaftlichen Kreisen «gesellschaftsfähig». Charcot half der Hypnose, sich vom Ruch des Jahrmarktbudenzaubers zu befreien und Eingang in die ernsthafte medizinische und psychotherapeutische Forschung zu finden. Allerdings mußte die Hypnose für diesen Fortschritt, der ihr ein Jahrhundert nach Mesmers Wirken in Paris endlich die Anerkennung der etablierten wissenschaftlichen Medizin brachte, auch bezahlen, und zwar mit einem erst heute aus der Welt zu schaffenden Mißverständnis.

Charcot untersuchte Hypnose nur bei einer kleinen Zahl von Hysterikerinnen, die er nie selbst hypnotisierte, er überließ dies seinen Assistenzärzten. Bei diesen Untersuchungen vergaß Charcot etwas, worauf er früher selbst hingewiesen hatte, daß nämlich Hysterikerinnen oft besondere Fähigkeiten haben, organische Krankheiten «nachzuahmen», so daß selbst erfahrene Ärzte getäuscht werden können. Wie wir heute wissen, übernahmen die hysterischen Patientinnen Charcots eine Anzahl von hypnotischen Verhaltensweisen, die sie zuvor in den Gesprächen der Ärzte «aufgeschnappt» hatten und später auch miteinander «absprachen». Auf diese Weise unterlief Charcot der fatale Fehler, hysterische Symptome als hypnotisches Erscheinungsbild anzusehen und «wissenschaftlich» zu beschreiben, wobei er den hypnotischen Zustand als einen krankhaften Zustand auffaßte – ähnlich der Ansicht Mesmers, nur kranke Patienten könnten magnetisiert werden. Tatsächlich konnten andere Forscher die von Charcot beschriebenen «hypnotischen» Erscheinungsbilder nicht beobachten. So berichtet Bernheim, einer der großen Widersacher Charcots, 1884, daß unter den Tausenden von Patienten, die sein Kollege Liébault mit Hypnose behandelte, und unter den Hunderten von Patienten, die er selbst hypnotisiert habe, nur eine Patientin das von Charcot beschriebene Erscheinungsbild geboten hätte – und zwar eine hysterische Patientin aus der Klinik Charcots.

Trotz dieser schwerwiegenden Fehler reichte das wissenschaftliche Renommee Charcots aus, um die Auffassung, gut hypnotisierbare Personen hätten Eigenschaften, die man auch bei hysterischen Patienten findet, bis in unsere Zeit lebendig zu halten. Dies zeigte sich in der Suche nach «hysterischen» Persönlichkeitsmerkmalen, die bis heute die Forschung über die Hypnotisierbarkeit bestimmt hat.

Bei diesen Untersuchungen wird zum einen die Hypnotisierbarkeit bestimmt und zum anderen die Ausprägung bestimmter Persönlichkeitsmerkmale. Die *Hypnotisierbarkeit* wird mit Hypnosetests gemessen. Dabei wird nach der Einleitung der Hypnose eine Anzahl von Suggestionen gegeben, die etwa folgende Inhalte haben: eine Fliege zu bemerken, die nicht da ist (hypnotische Halluzination); einen ausgestreckten Arm nicht beugen zu können; Erlebnisse aus der Kindheit zu haben (hypnotische Altersregression); nach der Hypnose auf ein bestimmtes Zeichen einen in der Hypnose gegebenen Auftrag durchzuführen (posthypnotische Suggestion); sich nach der Hypnose an nichts mehr zu erinnern (posthypnotische Amnesie). Die Anzahl der Suggestionen, die befolgt wurden, gilt als Maß für die Hypnotisierbarkeit. Zur Bestimmung von *Persönlichkeitsmerkmalen* wie Hypochondrie, Neurotizismus, Hysterie werden entsprechende Persönlichkeitstests (meistens in Fragebogenform) verwendet. Hat man bei vielen Versuchspersonen die Hypnotisierbarkeit und die Ausprägungen der genannten Persönlichkeitsmerkmale erfaßt, kann man den Zusammenhang zwischen beiden bestimmen. Dies geschieht, indem man einen mathematischen Kennwert errechnet, die sogenannte Korrelation, die ein Maß für den Zusammenhang zwischen Hypnotisierbarkeit und Persönlichkeitsmerkmal darstellt.

In den letzten dreißig Jahren sind Dutzende solcher Untersuchungen, wie wir sie gerade kurz skizziert haben, mit mehreren tausend Versuchspersonen durchgeführt worden. Aber trotz des immensen Aufwandes konnte *kein* Zusammenhang zwischen

Abbildung 10: Um 1880 begann der berühmte französische Neurologe Jean Martin Charcot (1825–1893) mit seinen Hypnoseuntersuchungen an hysterischen Patientinnen. Aufgrund Charcots wissenschaftlicher Autorität galt Hypnose nun als ein Phänomen, das auch von Wissenschaftlern ernst genommen wurde. Allerdings hatte die Autorität Charcots auch einen Nachteil. Da er Hypnose nur bei Hysterikerinnen studierte, kam Charcot zu der falschen Auffassung, daß Hypnose ein «hysterisches» Phänomen sei. Dies ist aber nicht der Fall, wie wir heute wissen. Die Fähigkeit, Hypnose zu erfahren, hat nichts mit negativen Persönlichkeitsmerkmalen zu tun, sondern mit geistigen Fähigkeiten wie Vorstellungsvermögen und Kreativität.

Hypnotisierbarkeit und einem Persönlichkeitsmerkmal der genannten Art zuverlässig nachgewiesen werden. Und damit kann das Mißverständnis, die Hypnotisierbarkeit hänge mit krankhaften bzw. negativen Persönlichkeitsmerkmalen zusammen, als ausgeräumt gelten. Ein solcher Zusammenhang besteht nicht. Aber wenn es nicht solche Persönlichkeitsmerkmale sind, was unterscheidet dann eine Person mit großer von einer Person mit geringer Hypnosefähigkeit?

Geistige Fähigkeiten

Nachdem die Jagd nach der «hypnotischen Persönlichkeit» erfolglos war, sucht man heute nach bestimmten geistigen Fähigkeiten, die eine tiefe Erfahrung des hypnotischen Zustandes ermöglichen. Damit meint man aber nicht Intelligenz, die in keinem Zusammenhang mit der Hypnotisierbarkeit steht. Sowohl hochintelligente wie weniger intelligente Personen können gleichermaßen Hypnose erfahren. Allerdings ist ein gewisses Maß an Intelligenz Voraussetzung; Schwachsinnige sind kaum hypnotisierbar.

Eine der geistigen Fähigkeiten, die die Erfahrung von Hypnose begünstigen, bezeichnet man als *Absorptionsfähigkeit*, das heißt die Fähigkeit, völlig in einer Aktivität aufzugehen, ohne sich ablenken zu lassen. Van Nuys wies 1973 eine Gruppe von 47 Versuchspersonen an, sich 15 Minuten lang auf ihren Atem zu konzentrieren. Während dieser Viertelstunde sollten die Versuchspersonen immer dann einen Knopf drücken, wenn sie sich durch einen Gedanken ablenken ließen. Bei allen Versuchspersonen war zuvor die Hypnosefähigkeit mit Hilfe eines Hypnosetests (wie oben beschrieben) bestimmt worden. Es zeigte sich, daß die Versuchspersonen, die gut hypnotisierbar waren, im Durchschnitt 35mal weniger den Knopf drückten, das heißt viel mehr von der aufmerksamen Atmung absorbiert und weniger ablenkbar waren.

Ein Jahr später, 1974, zeigte eine andere Untersuchung das gleiche auf andere Weise. Dabei wurde ein Fragebogen an 471 Versuchspersonen verteilt, in denen Aussagen als zutreffend oder unzutreffend anzukreuzen waren. Wie in der zuvor erwähnten Studie, so war auch hier die Hypnotisierbarkeit der Versuchspersonen bekannt. Es zeigte sich, daß die Versuchspersonen mit großer Hypnosefähigkeit insbesondere Aussagen als zutreffend ankreuzten, die typisch für die Absorption in eine Aktivität sind, während für die Aussagen des Fragebogens, die mit anderen Fähigkeiten oder Persönlichkeitsmerkmalen zu tun hatten, ein solcher Zusammenhang nicht bestand. Aussagen, die sich auf die Fähigkeit zur Absorption bezogen, waren etwa folgende: «Wenn ich will, kann ich mir etwas so lebendig vorstellen, daß meine Aufmerksamkeit davon gefesselt ist wie durch einen guten Film oder eine Geschichte.» – «Manchmal kann ich mich an vergangene Erfahrungen aus meinem Leben mit einer solchen Klarheit und Lebendigkeit erinnern, daß ich fast das Gefühl habe, ich würde sie wieder erleben.»

In der eben zitierten Untersuchung wurden den Versuchspersonen auch Aussagen der folgenden Art vorgelegt: «Manchmal kann ich mein gegenwärtiges Ich vergessen und in der Phantasie aufgehen, ich sei jemand anderes.» Bei diesen geistigen Vorgängen ist der Beteiligte nicht nur absorbiert von einer «inneren Realität», sondern gibt dabei auch den gewohnten realitätsorientierten Bezugsrahmen auf, indem er sich – wider alle Erfahrung – als jemand anderes erlebt und damit Widersprüche zur Realität akzeptiert. Auch diese *Fähigkeit zur Änderung des gewohnten Bezugsrahmens* ist bei gut hypnotisierbaren Personen größer. Hier erkennen wir auch die Basis für Reinkarnationserlebnisse in Hypnose (siehe Kapitel 1).

Kreativität scheint eine weitere geistige Fähigkeit zu sein, die mit der Hypnosefähigkeit zusammenhängt. Das paßt auch gut zu der Fähigkeit, den bekannten Bezugsrahmen aufzugeben und dadurch sich selbst oder eine Problemsituation aus einem neuen Blickwinkel mit neuen Einsichten betrachten zu können. Allerdings sind hier die Resultate entsprechender wissenschaftlicher Untersuchungen noch unzureichend, was unter anderem wohl damit zusammenhängt, daß Kreativität nur sehr schwer mit einem Test zu erfassen ist.

Kreativität hat etwas mit Imagination und Vorstellungsvermögen zu tun, ebenso wie die Absorption, das Aufgehen in einer «inneren Realität». So nimmt es nicht wunder, daß sich Personen mit großer Hypnosefähigkeit auch durch ein besonderes *Vorstellungsvermö-*

gen auszeichnen. Dies zeigt sich zum Beispiel bei Personen mit großer und geringer Hypnosefähigkeit, die eine Aufgabe durchführen, wie wir sie in ähnlicher Form aus Illustrierten kennen: Die Versuchsperson sieht zwei fast identische Bilder, die sich in zehn Einzelheiten voneinander unterscheiden. Und diese zehn Unterschiede sollen gefunden werden. Dabei wird zuerst ein Bild gezeigt und danach das zweite. Gut hypnotisierbare Personen finden die Unterschiede zwischen beiden Bildern in Hypnose viel schneller heraus als Personen mit geringer Hypnosefähigkeit. Im Wachzustand unterscheiden sich beide Versuchspersonengruppen nicht. Das zeigt, daß gut hypnotisierbare Personen sich in Hypnose die Bilder lebendiger und genauer vorstellen können, als dies Personen mit geringer Hypnosefähigkeit möglich ist.

In diesem Zusammenhang sind auch Beobachtungen von Interesse, die auf den ersten Blick nichts mit der besseren Vorstellungsfähigkeit gut hypnotisierbarer Personen zu tun haben: Stellt man gut Hypnotisierbaren eine Frage wie «Wie viele Buchstaben hat das Wort ‹Anthropologie›?», so unterbrechen sie den Blickkontakt und schauen in der Regel nach links, während sie überlegen. Macht man das gleiche bei Personen mit geringer Hypnosefähigkeit, so schauen diese in der Regel nach rechts. Was soll dieser in mehreren Experimenten bestätigte Zusammenhang zwischen Blickverhalten und Hypnotisierbarkeit mit dem Vorstellungsvermögen zu tun haben? Es ist seit langem bekannt, daß die rechte Hälfte des Gehirns die linke Körperseite und die linke Hirnhälfte die rechte Körperseite kontrolliert. (So führt die Beschädigung der rechten Hirnhälfte zu Lähmungserscheinungen auf der linken Körperseite.) Etwas Ähnliches trifft auf die Richtung der Augenbewegungen zu. Augenbewegungen nach rechts werden von der linken Hirnhälfte gesteuert, Augenbewegungen nach links von der rechten. Und nun kommt die Verbindung zur Vorstellungsfähigkeit gut Hypnotisierbarer. Man weiß heute, daß die linke Hirnhälfte auf die analytische, sprachliche, logische Informationsverarbeitung spezialisiert ist, während die rechte für die ganzheitliche, räumliche, vorstellungsmäßige Verarbeitung von Information zuständig ist. Die erwähnten Blickrichtungsstudien deuten darauf hin, daß bei gut Hypnotisierbaren die rechte Hirnhälfte bei der Informationsverarbeitung vorherrschend ist; und das ist die Hirnhälfte, die für Vorstellungsprozesse wichtig ist. Aus diesen und ähnlichen Arbeiten hat man den Schluß gezogen, daß die rechte Hirnhälfte die biologische Basis für die Hypnosefähigkeit darstellt.

Wir haben nun eine Vorstellung davon, welche geistigen Fähigkeiten eine Person hat, die Hypnose gut erfahren kann. Diese Fähigkeiten beziehen sich genau auf das, was der Hypnotisierte in der Trance als verändert erlebt, wie oben in Kapitel 1 beschrieben (Aufmerksamkeit, Trancelogik, lebendige «innere Realität»): Erstens, die Einengung der Aufmerksamkeit und das damit zusammenhängende Zurücktreten der «äußeren Welt» in der Trance wird durch die Fähigkeit zur Absorption vermittelt. Zweitens, die Fähigkeit, den üblichen realitätsorientierten Bezugsrahmen auch einmal aufgeben zu können, spiegelt sich in der Trancelogik wider. Und drittens ist ein gutes Vorstellungsvermögen notwendig, um die «innere Realität» lebendig zu gestalten. Mit anderen Worten, um Hypnose gut erfahren zu können, muß man die Fähigkeiten mitbringen, die die Grundlage für die Veränderungen in der Trance bilden. Die ursprünglich vermuteten Persönlichkeitsmerkmale wie leichte Beeinflußbarkeit, schwacher Wille etc. sind dazu ungeeignet. Sie mögen zwar dazu führen, daß die Versuchsperson den Anweisungen des Hypnotiseurs gehorcht. Sie reichen aber nicht aus, um das Erleben einer Trance mit den genannten Veränderungen zu ermöglichen.

Die Hypnosefähigkeit wurde auch mit anderen Merkmalen als den bisher besprochenen in Zusammenhang gebracht, auf die wir hier aber nur kurz eingehen wollen:

1. *Krankheitsbild:* Als wissenschaftlich gesichert gilt heute, daß an Psychosen (Schizophrenie, endogene Depression) leidende Patienten zwar auch hypnotisierbar sind, in der Regel aber über eine geringere Hypnosefähigkeit verfügen. Außergewöhnliche Hypnosefähigkeiten sind bei Psychotikern so gut wie nicht zu beobachten.

2. *Alter:* Zusammengefaßt zeigen die verschiedenen Untersuchungen zum Zusammenhang von Lebensalter und Hypnotisierbarkeit, daß die Hypnotisierbarkeit vom fünften Lebensjahr bis etwa zum zehnten Lebensjahr ansteigt, hier ihren Höhepunkt erreicht und dann mit zunehmendem Alter wieder absinkt.

3. *Geschlecht:* Vom Laien wird Frauen eher eine größere Hypno-

tisierbarkeit als Männern zugeschrieben. Dies wird aber durch entsprechende Untersuchungen nicht bestätigt. Auch wir haben an der Universität Konstanz in einer Studie mit 374 Versuchspersonen keinen Unterschied zwischen Frauen und Männern feststellen können.

Ist jeder hypnotisierbar?

Die Frage nach der Hypnotisierbarkeit kann man nicht nur inhaltlich, sondern auch quantitativ verstehen. Wie viele Menschen sind hypnotisierbar? Ist jeder zweite oder jeder fünfte hypnotisierbar?

Fragen dieser Art haben einen irreführenden «Alles-oder-nichts»-Charakter: Entweder man befindet sich in einem hypnotischen Zustand oder nicht. Doch *den* hypnotischen Zustand gibt es nicht. Es bestehen fließende Übergänge vom Wachzustand über leichte hypnoide Zustände mit angenehmer Entspannung, aber noch kontrollierter Vorstellungstätigkeit bis hin zu einer sehr tiefen Hypnose, in der man Zeit, Raum und sogar die eigene Identität vollkommen vergessen kann. Da man das Erleben der Hypnosetiefe «von außen» nicht beobachten kann, verwendet man in der Hypnoseforschung die schon erwähnten Tests mit einer Reihe von – gewöhnlich zwölf – Suggestionen. Die Anzahl der Suggestionen, die befolgt wurden (was «von außen» beobachtbar ist), ist ein Maß für den Grad der Hypnose. Und damit gibt es zwölf Grade: Die Personen, die alle zwölf Suggestionen befolgen, erreichen den höchsten Grad, und diejenigen, die keine Suggestion befolgen, den geringsten Hypnosegrad. Die Anzahl von zwölf Suggestionen ist natürlich willkürlich und hätte auch größer oder kleiner sein können.

Die Frage, wie viele Personen hypnotisierbar sind, stellt sich nun anders: Wie groß ist der Prozentsatz von Personen, die überhaupt nicht hypnotisierbar sind, das heißt keine Suggestion befolgen, zwei Suggestionen befolgen..., zwölf Suggestionen befolgen? Mit anderen Worten, es wird nicht mehr nach zwei Kategorien gefragt, sondern nach der Verteilung der verschiedenen Hypnosestufen. Führt man die Hypnosetests mit einer großen Anzahl von Personen durch, so erhält man einen Eindruck davon, wie die Hypnosefähigkeit in der Bevölkerung verteilt ist. Dies wurde bisher in den USA, in

Kanada, in Australien und von uns in Deutschland mit jeweils denselben, in den USA entwickelten Hypnosetests durchgeführt. In allen Ländern zeigt sich dabei etwa das gleiche Ergebnis: Eine extrem hohe Hypnosefähigkeit findet man bei etwa zehn Prozent der Bevölkerung, eine extrem geringe Hypnosefähigkeit ebenfalls bei etwa zehn Prozent, während die meisten Personen eine mittlere Hypnosefähigkeit besitzen, also sechs bis sieben der zwölf Suggestionen befolgen. In der mathematischen Statistik spricht man bei derartiger Verteilung eines Merkmals (in unserem Falle des Merkmals der «Hypnotisierbarkeit») auch von einer Normalverteilung. Da für eine Hypnosetherapie eine mittlere Hypnotisierbarkeit vollkommen ausreichend ist, bedeutet dieses Ergebnis, daß die meisten Patienten für eine Hypnosetherapie geeignet sind.

An dieser Stelle wollen wir die Erläuterungen zur Frage, was denn die Person mit großer Hypnosefähigkeit auszeichne, abschließen. Wir haben erfahren, daß dies geistige Fähigkeiten sind wie Vorstellungsvermögen, Kreativität, die Fähigkeit, völlig in einer Aktivität aufzugehen (Absorption) und den üblichen, realitätsorientierten Bezugsrahmen verlassen zu können, sowie eine ausreichende Intelligenz. Aber selbst wenn ein Patient über alle diese Fähigkeiten verfügen sollte, reicht das für die hypnotherapeutische Arbeit nicht aus. Denn es fehlt dann immer noch etwas, was von der Hypnoseforschung kaum berücksichtigt wird, und das ist die Beziehung zwischen Patient und Therapeut. Nur wenn diese Beziehung durch Vertrauen und gegenseitige Achtung gekennzeichnet ist, kann der Patient sich so weit öffnen, daß seine gesamte Hypnosefähigkeit zum Tragen kommt. Die Fähigkeit, in der therapeutischen Situation Hypnose zu erfahren, ist also nicht nur von der Hypnotisierbarkeit des Patienten bestimmt, sondern hängt auch wesentlich von der therapeutischen Situation und der Beziehung zum Therapeuten ab.

Zusammenfassung

In diesem Kapitel beschäftigten wir uns mit der Frage, wovon die Hypnotisierbarkeit einer Person abhängt. Der Laie vermutet häufig, daß die gut hypnotisierbare Person leicht beeinflußbar, willensschwach ist und eher hysterische Charakterzüge trägt. In umfangreichen Studien konnte aber der Zusammenhang zwischen solchen Persönlichkeitsmerkmalen und der Hypnotisierbarkeit von Personen nicht bestätigt werden. Auch der Intelligenzgrad hängt nicht mit der Hypnotisierbarkeit zusammen. Allerdings ist eine gewisse Intelligenz Voraussetzung zum Erleben von Hypnose; Schwachsinnige sind nur schwer zu hypnotisieren.

Erst in neuerer Zeit hat man herausgefunden, daß Hypnose mit bestimmten geistigen Fähigkeiten zusammenhängt wie Absorptionsfähigkeit (die Fähigkeit, vollkommen in einer Aktivität aufzugehen), Vorstellungsvermögen und vermutlich auch kreativen Fähigkeiten. Die biologische Basis für den hypnotischen Zustand, der von Personen mit diesen Fähigkeiten besser erfahren werden kann, bildet vermutlich die Aktivität der rechten Hirnhälfte.

Nicht jeder Mensch ist gleichermaßen hypnotisierbar. Personen mit sehr großer Hypnosefähigkeit sind genauso selten wie Personen mit sehr geringer Hypnosefähigkeit. Die meisten Personen verfügen über eine mittlere Hypnosefähigkeit, die für eine hypnotherapeutische Behandlung vollkommen ausreicht. Die Hypnotisierbarkeit ist altersabhängig und etwa im zehnten Lebensjahr am größten. Danach nimmt sie ab. Frauen und Männer haben die gleiche Hypnosefähigkeit.

Kapitel 5:

Wer kann, wer soll hypnotisieren?

So wie eine gut hypnotisierbare Person vom Laien häufig als willensschwach eingeschätzt wird, so vermutet er beim Hypnotiseur das Gegenteil, nämlich eine besonders stark ausgeprägte Willenskraft, mit der er der hypnotisierten Person seinen Willen «aufzwingt». Hinter dieser Ansicht stehen letztlich die Vorstellungen aus der Zeit des animalischen Magnetismus: Der Magnetiseur besitzt ein Übermaß an «magnetischer» Kraft, die er auf den Kranken überträgt und wodurch er ihn «magnetisiert». Nach dieser Vorstellung geht also etwas vom Hypnotiseur aus, eine Kraft, mit der er eine Person in Hypnose versetzen kann. Und dabei wird es doch sicher egal sein, wie er angezogen ist.

Ist die Persönlichkeit des Hypnotiseurs wichtig?

Sie werden beim letzten Satz vielleicht gestutzt und sich gefragt haben, was die Kleidung mit der hypnotischen Kraft zu tun haben soll. Wir haben diesen Satz als Einleitung für die Schilderung einer Untersuchung benutzt, in der zwei Gruppen von Versuchspersonen von ein und derselben Frau hypnotisiert wurden. In der ersten Gruppe trug die Hypnotiseurin Jeans, ein T-Shirt, hatte kein Make-up und wurde als Studentin vorgestellt, die die Untersuchung für einen Dozenten durchführt. In der zweiten Gruppe war dieselbe Hypnotiseurin elegant gekleidet, trug Schuhe mit hohen Absätzen, hatte ein leichtes Make-up und wurde als Frau Doktor vorgestellt, die die Untersuchung im Rahmen ihrer Forschung durchführt. Die Einleitung der Hypnose und die Bestimmung der Hypnotisierbarkeit war in beiden Gruppen identisch. Beim Vergleich der Hypnotisierbarkeit der beiden Gruppen zeigte sich, daß das Ansehen, der Status der Hypnotiseurin eine Rolle spielte. In der Gruppe, die von der «Frau Doktor» hypnotisiert wurde, war die Hypnotisierbarkeit der Versuchspersonen höher als in der Gruppe, die «nur» von der «Studentin» hypnotisiert wurde. Wenn die Hypnotiseurin über eine wie auch immer geartete Kraft verfügt hätte, die auf die Versuchspersonen übertragen worden wäre, hätte ja in beiden Gruppen die Hypnotisierbarkeit gleich bleiben sollen, was nicht der Fall war. Wir sehen also, daß die Hypnotiseurin einen Einfluß auf die Hypnotisierten ausgeübt hat, aber nicht über eine «hypnotische» Kraft, sondern darüber, wie sie von den Versuchspersonen wahrgenommen wurde. Entscheidend war nicht die *Hypnotiseurin*, sondern die *Wahrnehmung der Hypnotiseurin* durch die Versuchspersonen.

Wenn die Tiefe der Hypnose nicht vom Hypnotiseur abhängt, sondern von dessen Wahrnehmung durch den Patienten, könnte man ja fast versucht sein, auf die Frage «Wer kann hypnotisieren?» die Antwort zu geben «der Patient». Das geht sicher zu weit. Aber schaut man sich in der umfangreichen Hypnosefachliteratur um, so wird der Frage, was den guten Hypnotiseur auszeichnet, so gut wie keine Aufmerksamkeit geschenkt. In einem Buch des bekannten Hypnoseforschers Hilgard, das ausschließlich von Hypnotisierbarkeit handelt, sind von den 434 Seiten des Buches nur zwei (!) Seiten dem Einfluß des Hypnotiseurs gewidmet.

Wenn der Hypnotiseur so unwichtig ist und statt dessen die Fähigkeiten des Patienten entscheidend sind, dann kann letztlich jeder hypnotisieren, der die zum Teil recht einfachen Hypnosetechniken beherrscht. Genau diese Ansicht vertritt Hilgard. Allerdings nur für die anfänglichen Bemühungen, den Patienten den hypnotischen Zustand erfahren zu lassen. In den späteren Sitzungen, in denen die eigentliche hypnotherapeutische Arbeit stattfindet, sei die Persönlichkeit und Erfahrung des Therapeuten schon von entscheidender Bedeutung. Und nun wird auch klar, warum Hilgard nur zwei Seiten über den Einfluß des Hypnotiseurs geschrieben hat. Sein Buch handelt nämlich nur von der Reaktion auf eine Hypnoseeinleitung, für die die Hypnosefähigkeit des Patienten entscheidend ist, nicht aber von der Hypnose*therapie*, in der die

Beziehung zwischen Patient und Hypnosetherapeut und damit die Persönlichkeit des Hypnosetherapeuten von großer Bedeutung ist.

Die bei Hypnoseforschern allgemein akzeptierte Aussage, die Persönlichkeit des Hypnotiseurs sei für die Hypnoseeinleitung nicht wichtig, muß man aber im Rahmen der Forschungspraxis sehen. Zum einen sind die Hypnoseeinleitungen bei den in der For-

Abbildung 11: Manchmal wird vermutet, daß vom Hypnotiseur eine besondere Kraft ausgeht, durch die er eine andere Person in Hypnose versetzen kann. Für den Einfluß des Hypnotiseurs auf den Patienten ist aber nicht eine solche vermeintliche Kraft, sondern die Wahrnehmung und Beurteilung des Hypnotiseurs durch den Patienten entscheidend. Dies zeigt auch ein in dieser Abbildung zusammengefaßter Versuch. Wird die Leiterin einer Hypnosegruppensitzung einer Gruppe als Studentin, einer anderen als Frau Doktor vorgestellt, so ist die Hypnotisierbarkeit in der Gruppe, die von «Frau Doktor» geleitet wurde, größer, obwohl es sich in beiden Gruppen um dieselbe Person (mit derselben «hypnotischen Kraft») handelte – die «Frau Doktor» wurde als fachlich kompetenter wahrgenommen (Zeichnung: Helga Fendrich).

schung üblichen Hypnosetests, die auch wir für unsere Forschung verwenden, schriftlich festgelegt. Das heißt aber, daß die Hypnotiseure sich in dem, was sie während der Hypnoseeinleitung sagen und tun, nicht voneinander unterscheiden können, und somit können Unterschiede zwischen den Persönlichkeiten der Hypnotiseure von den Versuchspersonen auch nicht als besonders gravierend wahrgenommen werden. Zum anderen sind die Ergebnisse aus wissenschaftlichen Untersuchungen «durchschnittliche» Aussagen, die in der Regel nur auf eine größere Gruppe von Versuchspersonen bezogen sind, wodurch deutliche Unterschiede in der Reaktion auf verschiedene Hypnotiseure, die bei vereinzelten Versuchspersonen auftreten, in den «durchschnittlichen» Aussagen nicht bemerkt werden.

In der modernen hypnotherapeutischen Praxis gehen wir – anders als in der Forschung – bei verschiedenen Patienten nicht immer in derselben Weise vor, sondern passen die Hypnoseeinleitung und -behandlung dem individuellen Patienten an. Und hier bestimmt auch schon bei der ersten Hypnoseeinleitung das Geschick des Therapeuten die Hypnosetiefe, die der Patient erfahren kann. Zusammen mit den meisten klinischen Hypnosefachleuten sind auch wir der Ansicht, daß schon für die erste Hypnoseeinleitung nicht allein die Hypnosefähigkeit des Patienten, sondern auch die Persönlichkeit und die Erfahrung des Hypnosetherapeuten von großer Bedeutung sind. Der Patient nimmt die Erfahrung des Therapeuten wahr, fühlt sich in den Händen eines erfahrenen Therapeuten sicher und ist somit für die hypnotische Erfahrung offener. Nichts anderes zeigt die oben erwähnte Studie: Die «Frau Doktor» hat eben mehr Erfahrung als eine «Studentin», die noch in der Ausbildung ist.

Auf die Frage «Wer kann hypnotisieren?» müssen wir antworten, daß im Prinzip jeder, ob Frau oder Mann, ob jung oder alt, mit welcher Ausbildung auch immer, bei einer Person, die dies möchte und über eine ausreichende Hypnosefähigkeit verfügt, einen wenn auch nicht unbedingt tiefen hypnotischen Zustand herbeiführen kann. *Nur*, soll das auch jeder? Nach dem Gesetz dürfen nur Diplompsychologen, Ärzte und Heilpraktiker Hypnose zu therapeutischen Zwecken einsetzen. Die Deutsche Gesellschaft für Hypnose läßt nur Ärzte und Diplompsychologen zu ihren Ausbildungsveranstaltungen zu.

Gefahren der Hypnose

Wir wollen es bei der Beantwortung der Frage «Wer soll hypnotisieren?» nicht mit der Aufzählung der nach dem Gesetz dazu Berechtigten bewenden lassen, sondern der Frage nachgehen, wer therapeutisch sinnvoll mit Hypnose arbeiten kann und wer dies kann, ohne den Patienten zu gefährden.

Beim Laien findet man oft die Auffassung, daß mit Erreichen des hypnotischen Zustandes schon das Schwierigste der Therapie geleistet ist. Denn ist der Patient erst einmal im hypnotischen Zustand, dann bedarf es nur noch einiger Suggestionen, um die Krankheit (Schmerzen, Ängste etc.) zu beseitigen. Wenn wir einmal zum besseren Verständnis die hypnotische Behandlung mit der medikamentösen Behandlung eines Patienten vergleichen, so sind wir mit der Einleitung der Hypnose erst bei dem Punkt angelangt, wo der Patient seinen Mund zur Einnahme des «Medikamentes» geöffnet hat. Welche Substanzen für das Medikament ausgewählt werden, in welcher Zusammensetzung und in welcher Dosis, wie lange und wie oft es zu verabreichen ist und welche Änderungen im Verlauf der Therapie vorzunehmen sind, all dies, das heißt die eigentliche Therapie, kommt erst jetzt und setzt eine sorgfältige Ausbildung in der Zubereitung und im Umgang mit solchen Medikamenten voraus. Mit anderen Worten, die Einleitung der Hypnose hat noch nichts mit der spezifischen Hypnosetherapie zu tun, sondern ist nur die Voraussetzung für die therapeutische Arbeit in der Hypnose, die eine sorgfältige Ausbildung erfordert. Der hypnotische Zustand allein ist in der Regel noch nicht die Therapie, wie wir in Kapitel 6 sehen werden.

Nun wird man leicht einsehen, daß derjenige, der keine hypnotherapeutische Ausbildung hat, auch keine Hypnosetherapie durchführen kann und sollte. Aber man muß ja nicht gleich therapieren. Warum sollte man nicht aus Interesse, zur Unterhaltung oder weil es für den Hypnotisierten einfach angenehm und entspannend ist – wie es im ersten Kapitel hieß – eine andere Person hypnotisieren?

Wie bei hochwirksamen Medikamenten schädliche Nebenwirkungen vermutet werden, so auch bei der Hypnose. Wir hatten schon bei der Besprechung von Vorurteilen gegenüber der Hypnose einige Befürchtungen des Laien angesprochen, wie die hinsichtlich Willensverlust und Abhängigkeit vom Hypnotiseur. Dabei nimmt der Laie an, daß derartige Folgen für die therapeutische Wirkung der Hypnose wichtig und die Voraussetzung für den Heilerfolg sind (zu Unrecht, wie wir in Kapitel 6 sehen werden). Unter schädlichen Nebenwirkungen verstehen wir hingegen unangenehme Hypnosefolgen wie Kopfschmerzen, Übelkeit, Realitätsverlust etc., die mit der therapeutischen Wirkung der Hypnose nichts zu tun haben. Treten derartige Nebenwirkungen häufig auf? Wenn ja, bei wem?

Schauen wir uns zunächst einmal die Nebenwirkungen bei Hypnoseexperimenten an. Tatsächlich zeigen Berichte von Forschern, die Hypnose in Experimenten einsetzen, daß Versuchspersonen nach der Hypnose über längere Benommenheit («Ich fühlte mich für etwa eine Stunde wie in einem ‹Nebel›»), Kopfschmerzen, Übelkeit berichten oder auch mit Träumen auf eine Hypnosesitzung reagieren. Doch sind die Folgen sehr selten. In einer Untersuchung der Stanford University in Kalifornien aus dem Jahr 1961, in der 220 Versuchspersonen über negative Folgen nach einer Hypnoseinduktion befragt wurden, traten bei nur sieben Versuchspersonen vorübergehend Kopfschmerzen auf, und bei fünf Versuchspersonen traten für einige Stunden nach der Hypnose Nacheffekte wie Benommenheit auf. Bezogen auf die Gesamtzahl von 220 Versuchspersonen, ist der Anteil von Versuchspersonen, die über negative Hypnosefolgen berichteten, mit 2,3–3,2 Prozent sehr gering. Unsere Erfahrungen an der Universität Konstanz bei Hypnosetests mit mehr als 700 Versuchspersonen liegen in der gleichen Größenordnung. Die wenigen Versuchspersonen, die über Nebenwirkungen nach der Hypnose berichten, waren in der erwähnten kalifornischen Studie sowohl Versuchspersonen mit hoher wie geringer Hypnosefähigkeit. Dies deutet darauf hin, daß die negativen Nebenwirkungen vermutlich nichts mit dem Erleben von Hypnose zu tun hatten. Denn nur *die* Versuchspersonen können ja negative Nebenwirkungen der Hypnose verspüren, die auch wirklich tief in Hypnose waren, was in der Hälfte der Fälle aber nicht zutraf.

Was ist mit Suggestionen, die der Hypnotiseur am Ende einer Hypnose zurückzunehmen vergißt? Wenn er etwa Schmerzunempfindlichkeit eines Armes suggeriert und es unterläßt, die normale

Empfindlichkeit des Armes am Ende der Sitzung wiederherzustellen? Hier scheint die Hypnosefähigkeit der hypnotisierten Person darüber zu entscheiden, ob diese «vergessene» Suggestion noch nach der Hypnosesitzung andauert. Wie entsprechende Untersuchungen zeigen, scheint dies nur bei Personen mit sehr großer Hypnosefähigkeit der Fall zu sein, nicht aber bei Personen mit geringerer Hypnosefähigkeit.

In der Therapie sind die Erfahrungen des Patienten in der Hypnose intensiver als im Hypnoseexperiment und betreffen zum Teil auch schmerzliche Erlebnisse und Problembereiche der Persönlichkeit des Patienten. Man könnte daher erwarten, daß hier wegen der intensiveren Hypnoseerfahrungen negative Nebenwirkungen häufiger auftreten als in der experimentellen Hypnose. Dies ist aber nicht der Fall, wie unsere Praxis zeigt und auch andere Hypnosetherapeuten berichten. Selbst bei sehr langer Therapiedauer zeigen sich keine Nebenwirkungen wie Realitätsverlust oder gar negative Persönlichkeitveränderungen, wie der bekannte Hypnosetherapeut Milton Erickson berichtete, der bei einigen Patienten mehr als fünfhundert therapeutische Hypnosesitzungen durchführte.

Wenn Hypnose also weder im experimentellen noch im therapeutischen Bereich negative Nebeneffekte hat, dann ist Hypnose ungefährlich, und dann könnte auch jeder gefahrlos hypnotisieren, könnte man meinen, oder nicht?

Nein. Es gibt Berichte über schwere Schädigungen nach Hypnose. Der gravierendste, aber auch einzige Fall dieser Art ist wohl der Todesfall in Hypnose, der sich am 14. September 1894 in einer Stadt in Ungarn ereignete. An diesem Tag hypnotisierte der Laienhypnotiseur Franz Neukomm, ein Brunnenbohrmeister von Beruf, das «Medium» Ella Salamon vor einer großen Gesellschaft, um mit ihr okkulte Phänomene zu demonstrieren. Ella Salamon hatte sich früher als außergewöhnlich hypnotisierbar erwiesen: So hatte Neukomm ihr suggeriert, daß eine auf die Hand gelegte Schildpattnadel eine glühende Eisennadel sei. Das kalte Schildpatt verursachte auf der Hand infolge der Suggestion eine so starke Brandwunde, daß die Narbe noch nach Wochen zu sehen war. Bei Hypnosedemonstrationen ließ Neukomm sein Medium die Krankheit von Patienten diagnostizieren. Dazu gab er ihr nach Einleitung der Hypnose die Suggestion, sich in die Seele des Kranken zu versetzen und dann über dessen Gesundheitszustand Auskunft zu geben. Bei der eben erwähnten Demonstration erhielt das Medium den Auftrag, sich in die Seele eines schwer lungenkranken Verwandten eines der Anwesenden zu versetzen. Trotz der deutlichen Widerstände gegen die Fortsetzung der Hypnose versuchte Neukomm durch weitere energische Suggestionen den hypnotischen Zustand zu vertiefen, wobei er die Suggestion gab, ihre Seele werde ihren Körper verlassen und die des Kranken aufsuchen. Wenige Minuten später war Ella Salamon tot.

Es wurde eine gerichtliche Obduktion angeordnet, die als Todesursache «Herzlähmung» ergab. Ein ursächlicher Zusammenhang mit dem hypnotischen Eingriff wurde in dem Gutachten für wahrscheinlich erklärt. Wir wissen nicht, wie die «innere Realität» des Mediums zu dem Zeitpunkt aussah, als sie den hypnotischen Zustand verlassen wollte, was der Laienhypnotiseur unbegreiflicherweise verhinderte. Möglicherweise hat diese hochsuggestible Frau Szenen erlebt, die ihr als so bedrohlich erschienen, daß sie einen schweren Anfall von akuten Herzrhythmusstörungen erlitt, als sie dieser Szene durch Aufwachen aus der Hypnose nicht aus dem Wege gehen konnte. Der Herzstillstand ist hier vermutlich als Folge einer extremen psychischen Belastung aufgetreten. Durch entsprechende Wiederbelebungsmaßnahmen hätte die Patientin vielleicht noch gerettet werden können.

Der israelische Hypnosetherapeut Kleinhauz berichtete 1984 über einige Fälle, in denen Patienten nach Teilnahme an Hypnoseshows zum Teil längerfristig an gravierenden Folgen litten wie Wahrnehmungsstörungen, Apathie und Verwirrungszuständen. In einem Fall wurde ein Mädchen von einem Bühnenhypnotiseur als «kataleptische Brücke» verwendet, die «steif wie ein Eisenstab» zwischen zwei Stühlen liegen sollte. Anschließend sollte sie sich wieder glücklich und «wie ein braves Mädchen» fühlen. Als die Freunde des Mädchens den Bühnenhypnotiseur darüber informierten, daß das Mädchen über Benommenheit klage, schickte er sie nach Hause, damit sie sich ausschlafen sollte. Als sich ihr Zustand auf dem Nachhauseweg verschlechterte, wurde sie in eine Klinik gebracht, wo sie in einen Zustand körperlicher Erstarrung geriet, in dem sie nicht mehr ansprechbar war und auch auf Geruchs- und Schmerzreize nicht mehr reagierte. Intensive diagnostische Bemühungen (EEG, Röntgen etc.) blieben ergebnislos. Sie blieb sechs Tage in diesem Zustand und konnte erst durch den am siebten Tag hinzugezogenen Hypnosetherapeuten Kleinhauz wieder in den normalen Wachzustand versetzt werden.

Wir wollen den beiden bisher beschriebenen Fällen nicht noch weitere hinzufügen, sondern auf die Schlußfolgerung von Schultz hinweisen, der 1922 nach einer Durchsicht der bekannten Fälle von Gesundheitsschädigungen nach Hypnose zu dem Schluß kommt, daß Kopfschmerzen, Übelkeit, Dämmerzustände, das Auftreten schizophrener Symptome etc. nach Hypnose im wesentlichen «den Laienschauhypnosen oder hypnotischen Laienzirkeln» zur Last fallen.

Nun sollte man bei der Einschätzung solcher Berichte über die Gefährdung durch Hypnose berücksichtigen, daß die Zahl der negativ verlaufenen Hypnosen im Vergleich zu der Zahl von Hypnosen ohne negative Nebeneffekte verschwindend gering ist. Aber auch heute, über 65 Jahre nach der Übersicht von Schultz, besteht bei Hypnosefachleuten kein Zweifel daran, daß Hypnose zwar in den Händen von verantwortungsvollen Fachleuten ungefährlich ist, in den Händen von Laienhypnotiseuren aber unter Umständen zur Gefährdung des Hypnotisierten führen kann. Dies bei Showhypnosen um so mehr, als es dem Bühnenhypnotiseur gleich ist, wie es dem Hypnotisierten nach einer Bühnenhypnose geht. Nachdem die Hypnosewilligen ihre Pflicht getan haben, haben sie die Bühne zu verlassen, ohne daß der Bühnenhypnotiseur sich weiter um sie kümmert. Wegen einer möglichen Gefährdung von Personen ist Showhypnose daher auch in einigen Ländern – wie etwa in Schweden – verboten.

Die Hypnosefähigkeit des Hypnotiseurs: Trance bei den Iban-Schamanen

Muß derjenige, der therapeutisch mit Hypnose arbeitet, nicht auch selbst eine gewisse Hypnosefähigkeit haben, um sich in den Zustand des Patienten einfühlen zu können? Diese Frage wird uns oft gestellt, und wir glauben, daß es für einen Hypnosetherapeuten und seine Patienten günstig ist, wenn der Therapeut Hypnose selbst erfahren kann und erfahren hat. Es kommt zuweilen vor, daß der Therapeut während einer Hypnosesitzung selbst in einen tranceartigen Zustand gerät, in dem es besser möglich ist, intuitiv das gerade angemessene therapeutische Vorgehen auszuwählen. Wir möchten zum Schluß dieses Kapitels von einem Therapeuten berichten, der seine Patienten nicht behandeln könnte, wenn er nicht während der Behandlungszeit selbst in einem tiefen Trancezustand wäre. Die Rede ist von einem Iban-Schamanen, einem Medizinmann des Iban-Volkes auf Borneo.

Während einer längeren Reise nach Sarawak, einem Bundesstaat Malaysias auf Borneo, hatten wir Gelegenheit, die Verwendung von Trance bei den Iban kennenzulernen. Die Iban, ehemalige Kopfjäger, wohnen auch heute noch zum Teil in Langhäusern, in denen eine ganze Dorfgemeinschaft unter einem Dach lebt. In den schwer zugänglichen Gebieten findet man auch heute noch Langhäuser, deren Bewohner die traditionelle Trockenanbauweise von Reis mittels Brandrodung vornehmen und der animistischen Religion verhaftet sind. Nach einer mehrtägigen Reise mit Iban-Langbooten kamen wir in ein solches Gebiet, dessen Bewohner sich nicht erinnern konnten, in dieser Gegend je einen Weißen gesehen zu haben. (Eine Ausnahme bildete ein Langhaus, in dem vor zehn Jahren ein Weißer zu Besuch gewesen war; vermutlich ein Wissenschaftler, der in dem zwei Tagesreisen entfernten menschenleeren Urwald die auch heute noch dort lebenden Orang-Utans beobachten wollte.) In diesem Gebiet führten wir mit Hilfe eines mitgebrachten Dolmetschers mit dem etwa siebzigjährigen Schamanen Tubam ak Usop ein vierstündiges Gespräch, bei dem der Schamane auch über die Verwendung von Trance bei einigen seiner Heilungszeremonien berichtete.

Bei diesen Zeremonien versetzt sich der Schamane selbst in Trance. Also *nicht* der Patient, sondern der Therapeut befindet sich während der Behandlung in Trance. In Trance bemüht sich der Schamane, die Seele des Patienten vom Einfluß böser Dämonen zu befreien und sie dann einzufangen. Das Wort für Trance heißt denn auch in der Ibansprache «die Seele fangen» (nyangkap semengat). In der Trance, in der der Schamane das Bewußtsein für die unmittelbare Umgebung verliert (und nach dem Bericht eines Augenzeugen «seine Augäpfel weiß werden»; vermutlich werden sie nach oben gedreht), gelingt es ihm, den Dämon zu sehen, der die Seele des Patienten belästigt bzw. von ihr Besitz ergriffen hat. Seine Aufgabe besteht darin, mit Hilfe des mit ihm verbündeten guten Geistes Yang und der Hilfe anderer Schamanen, die in der Trance zugegen sind, dem bösen Dämon die Seele abzujagen. Während der Verfolgung des bösen Dämons bleiben er und die anderen Schamanen hinter dem mächtigen Geist Yang, der den Dämon mit Speeren bewirft, bis dieser die Seele des Patienten fallen läßt und der Schamane diese ergreifen und zurückbringen kann.

Tubam ak Usop nimmt nicht jeden Patienten. In der Regel, so berichtete er, träume er in der Nacht von dem oder den Patienten, die am nächsten Tag zu ihm kommen würden, und befragt dann seinen guten Geist Yang, ob er diese Patienten annehmen solle. Yang scheint dann abzuschätzen, ob er stark genug für die zu besiegenden Dämonen ist, und teilt ihm die Entscheidung mit. Der Schamane hat dann keine Wahl mehr und muß den Patienten, der am nächsten Tag kommt, nehmen oder auch nicht, je nach Entscheidung Yangs. Werden die Patienten von ihm akzeptiert, so können sie sicher sein, daß sie geheilt werden. Patienten mit gebrochenem Arm etc. schickt Tubam ak Usop in die flußaufwärts gelegene Urwaldklinik. Es kommt auch häufig vor, daß der Leiter der Urwaldklinik, den wir besuchten und der den guten Ruf des Schamanen bestätigte, ihm Patienten schickt, mit denen er nicht fertig wird.

Wenn Patienten von Dämonen nicht nur belästigt werden, sondern von ihnen besessen sind, muß der Schamane den Dämon töten. Bei dieser Zeremonie ist der besessene Patient nicht zugegen, sondern bleibt in seiner Wohnung. Nachts, wenn alle schlafen, geht der Schamane dann auf die große Veranda des Langhauses, bietet dem bösen Dämon ein Opfer dar und wartet in Trance auf das Erscheinen des Dämons. Dieser kommt mit Freunden und lacht über den Schamanen, der ihm mit einem Parang (eine Art Machete) gegenübersitzt und darauf wartet, daß der Dämon sich umdreht, um seinen Freunden von der Opfergabe anzubieten. Sobald er dies tut, schlägt der Schamane dem Dämon mit dem Parang den Kopf ab. Diese Zeremonie erfordere großen Mut und könne nur von Schamanen vollbracht werden, die einen mächtigen Verbündeten hätten, wie uns Tubam ak Usop versicherte.

Abbildung 12: Der Iban-Schamane Tubam ak Usop (Nordborneo) heilt seine Patienten, indem er selbst in Trance geht und dann die bösen Geister sieht, die die Seele des Patienten in Besitz genommen haben. Während er in Trance ist, jagt er – zusammen mit einem verbündeten guten Geist – dem bösen Geist die Seele des Kranken ab. Trance heißt denn auch in der Sprache der Iban «die Seele fangen». Wie das nahe gelegene Urwaldhospital bestätigt, hat der Schamane großen Erfolg. Knochenbrüche und ähnliche Probleme behandelt der Schamane nicht, sondern schickt diese Patienten zum Urwaldhospital.

Was passiert mit dem Patienten, während der Schamane bei einer Zeremonie mit anwesenden Patienten in Trance geht? Wir waren bei einer solchen Zeremonie zugegen, bei der der Patient von Frauen aus dem Langhaus an beiden Händen festgehalten wird. Man spricht, scherzt und lacht mit ihm. Nachdem er mit dem Patienten zunächst eine Handvoll Reis geteilt hat, zieht der Schamane sich einen Teppich über den Kopf, unter dem er während der gesamten Zeremonie bleibt. Über schwingende Körperbewegungen bringt er sich in Trance, wobei er den Arm des Patienten festhält. (Die Melanau-Schamanen an der Nordküste Borneos haben dafür eine besondere Schaukel.) Dann verharrt er die meiste Zeit in einer ruhigen Sitzposition auf dem Boden seines Wohnraums, der trotz der offenen Feuerstelle nur spärlich beleuchtet ist. Nur manchmal kommt es zu kurzen, abrupten Zuckungen unter dem Teppich. Manche Patienten sitzen während der Zeremonie apathisch mit geschlossenen Augen zwischen den Frauen, andere wiederum unterhalten sich mit den Anwesenden.

Der Schamane muß das Heilsgeschehen auf der Ebene der Geister halluzinieren, sich dabei völlig von der «realen» Umgebung lösen und in eine andere, «innere Realität» eintreten. Damit muß er über die Fähigkeiten verfügen, die nach Auffassung der modernen Hypnoseforschung (siehe Kapitel 1) die Personen auszeichnet, die Hypnose in besonderem Maße erfahren können, nämlich Absorptions- und Vorstellungsvermögen sowie die Fähigkeit, den realitätsorientierten Bezugsrahmen des Alltagslebens zu verlassen.

Die Bezeichnung des Heilsgeschehens als halluzinatorisch wäre für den Schamanen und seine Patienten völlig unannehmbar. Im animistischen Weltbild sind alle Gegenstände belebt und von Geistern und Dämonen bewohnt, sei es der riesige Baum hinter dem Langhaus, das Reisfeld flußabwärts oder die Schildkröte unten im Fluß. Hier liegt wohl auch – neben seiner beeindruckenden Persönlichkeit – eine der Erklärungen für den großen therapeutischen Erfolg des Schamanen, der nur in einer kulturellen Welt möglich ist, in dem spirituelle Ereignisse denselben Realitätsgehalt haben wie «handfeste» Ereignisse in der greifbaren Wirklichkeit. Wenn der Schamane dem Patienten, den er zur Behandlung zugelassen hat, sagt, daß er in der Trance die Seele des Patienten vom Dämon befreit sieht, dann ist dies in unserem Kulturkreis vergleichbar mit der Aussage des Arztes, er habe auf der Röntgenaufnahme gesehen, daß die zuvor gebrochene Rippe wieder völlig zusammengewachsen ist.

Zusammenfassung

Prinzipiell kann jeder hypnotisieren, sofern er eine Person findet, die über eine ausreichende Hypnosefähigkeit verfügt und zu einer Hypnoseerfahrung bereit ist. Es ist also nicht eine besondere Kraft nötig, die vom Hypnotiseur auf den Hypnotisierten übergeht, wie die alten Magnetiseure noch glaubten. Letztlich kommt es auf die Hypnosefähigkeit des Patienten an. Die Kompetenz des Therapeuten, seine Erfahrung und sein Prestige, die das Vertrauen des Patienten zum Therapeuten mitbestimmen, haben aber einen Einfluß darauf, inwieweit sich der Patient für eine tiefe Hypnose öffnet.

Der hypnotische Zustand ist noch keine Therapie, sondern nur eine Voraussetzung dazu. Hypnosetherapie sollte nur von Fachleuten wie Ärzten und Diplompsychologen durchgeführt werden, die diese kompetent und verantwortungsvoll durchführen können. Dies empfiehlt sich auch wegen der möglichen, wenn auch seltenen negativen Folgen von Hypnose (Benommenheit, Kopfschmerzen, Realitätsverlust bis hin zur Auslösung von psychotischen Schüben), die überwiegend als Folgen des unsachgemäßen Umgangs mit Hypnose durch Laienhypnotiseure und Bühnenhypnotiseure auftreten.

Nicht nur der Patient, sondern auch der Therapeut sollte über eine gewisse Fähigkeit verfügen, den hypnotischen Zustand erfahren zu können. Mit einem Instrument, das man selbst gut kennt, kann man auch besser arbeiten. In diesem Zusammenhang wird von einem Schamanen berichtet, der selbst in Trance gehen muß, um dann in der Trance die Krankheiten seiner Patienten erkennen und behandeln zu können.

Kapitel 6:

Die Bühnenhypnose

Wenn man sich anschaut, wie Bühnenhypnotiseure eine Hypnose erzeugen, scheint das doch gar nicht so schwer zu sein und vor allen Dingen sehr schnell zu gehen. Sie rufen den Mitwirkenden «Schlaf!» oder irgendein geheimnisvoll klingendes Phantasiewort zu, und unmittelbar danach scheint der Beteiligte, häufig als «Medium» bezeichnet, in Trance zu fallen. Das gleiche kann geschehen, nachdem der Bühnenhypnotiseur mit den Fingern geschnippt hat oder dem «Medium» mit der Hand über die Augen gefahren ist. Ist das «Medium» auf diese schnelle Weise in Trance geraten, passieren die erstaunlichsten Dinge, die nur möglich zu sein scheinen, weil sich das «Medium» in einem außergewöhnlichen Bewußtseinszustand befindet. Und in diesem Zustand können scheinbar die Beschränkungen, denen wir normalerweise unterliegen, bei weitem überschritten werden: «Medien», die mit entblößtem Oberkörper auf Nagelbrettern oder Scherbenhaufen mit gefährlich scharfen Glassplittern liegen, tragen keine Stich- oder Schnittwunden davon, obwohl der Hypnotiseur sich noch auf ihre Brust stellt. Der Körper eines schmächtigen jungen Mädchens wird so steif und hart wie ein Brett, das wie eine Brücke zwischen zwei auseinanderstehende Stühle gelegt werden kann und obendrein noch das Gewicht des Hypnotiseurs aushält. Auf die Suggestion hin, daß das einfache, kühle Stanniolpapier auf der Hand des «hypnotisierten Mediums» heiß wie glühendes Eisen sei, zeigen sich kurz darauf tatsächlich starke Rötungen und sogar Blasen wie nach einer echten Verbrennung. Wird dem «Medium» suggeriert, daß alles Leben aus seinem linken Arm gewichen sei, kann der aus dem Publikum herbeigerufene Arzt keinen Pulsschlag mehr feststellen. Ja sogar mit bloßen Füßen über glühende Kohlen zu gehen scheint kein Problem für die

«Medien» des Bühnenhypnotiseurs zu sein. Bei dieser besonders dramatischen Leistung ist Hypnose aber merkwürdigerweise nicht notwendig, wie der Bühnenhypnotiseur betont, der das wache «Medium» bei der Hand nimmt und dieses – selbst neben der Bahn mit den glühenden Kohlen gehend – bis zum Ziel begleitet.
Beim zuschauenden Publikum besonders beliebt und belacht ist das posthypnotische Verhalten der «Medien», die wie Marionetten auf bestimmte Zeichen hin wie Frank Sinatra oder wie eine bekannte Operndiva singen, mit Genuß Rasierschaum als Sahneeis verzehren, sich in einen Stuhl verlieben, den sie zärtlich liebkosen, sich nicht mehr vom Boden erheben können und so weiter und so fort.

An dieser Stelle könnte man denken, daß wir nun endlich doch noch auf die «richtige» Hypnose zu sprechen kommen, eine Hypnose, in der der Wille ausgeschaltet ist und die die Grenzen der normalen Leistungsfähigkeit aufhebt. In den vorangegangenen Kapiteln wurden ja gerade diese Annahmen als nicht haltbar zurückgewiesen und die Hypnose als ein erforschbares und damit verstehbares Phänomen dargestellt. Könnte es nicht sein, daß die Bühnenhypnotiseure über Eigenschaften oder Kräfte verfügen, die diese kaum erklärlichen Leistungen der «Medien» bewirken, während die Hypnosetherapeuten und -forscher diese Fähigkeiten einfach nicht besitzen und deswegen Hypnose anders beschreiben? Ja, vielleicht verwenden die Hypnosetherapeuten sogar eine andere Art von Hypnose, die völlig verschieden ist von dem, was die Bühnenhypnotiseure tun?

Genau das ist der Fall. Die Hypnosetherapeuten verwenden *wirklich* Hypnose, während die Bühnenhypnotiseure *keine* Hypnose verwenden bzw. Hypnose für die scheinbar kaum erklärlichen Darbietungen auf der Bühne nicht notwendig ist. Der Bühnenhypnotiseur verfügt nicht über übernatürliche Fähigkeiten, sondern, wenn er gut ist, über Showtalent und beherrscht einige Prinzipien, die die Show erfolgreich machen. Eine Show ist dann erfolgreich, wenn die Zuschauer viel zu staunen und zu lachen haben. Dabei hängt der Erfolg einer Show nicht davon ab, ob die «Medien» wirklich in Hypnose waren. Es reicht, wenn die Zuschauer das glauben. Aber wie gelingt das dem Bühnenhypnotiseur?

GEORGIS KLEINE BIBLIOTHEK

Der hypnotisierende Blick
:: und sein Training ::

von Harry W. Bondegger.

FA.

Jeder hat schon einmal in seinem Leben vom bösen Blicke gehört. Der Glaube hieran ist im Morgenlande, von der äußersten Westküste Nord-Afrikas an bis zum fernsten Ostasien und ebenfalls in Süd-Europa, allgemein verbreitet. Der zivilisierte Nord- und West-Europäer verlacht diesen Glauben als einen kindischen und absurden Aberglauben. Aber wie in sehr vielen Dingen ist er auch hier mit seinem negativen Urteile im Unrecht. Dem Glauben an den bösen Blick liegt eine sehr reale Wahrheit zu grunde.

Abbildung 13: Die (scheinbare) Fähigkeit des Bühnenhypnotiseurs, andere Menschen verblüffende Leistungen vollbringen zu lassen bzw. sie wie Marionetten in teilweise lächerlichen Rollen auf der Bühne auftreten zu lassen, wird vom Laien häufig darauf zurückgeführt, daß er anderen Menschen seinen Willen aufzwingen könne. Das wird auch in der Broschüre (um 1920) angenommen, deren Titelblatt wir hier abgebildet finden und die ein Training für den «hypnotisierenden» Blick beschreibt (sich selbst im Spiegel starr fixieren).

Angenommen, der Bühnenhypnotiseur würde eine Person in Trance versetzen und ihr suggerieren: «Gleich, wenn ich Sie mit meiner Kraft in die dritte Stufe der somnambulistischen Hypnose versetze, werden Sie in der Lage sein, das Lied ‹Lustig ist das Zigeunerleben› zu singen.» Würde das den Zuschauer in Staunen versetzen? Wohl kaum, denn man weiß doch, daß dies jeder auch ohne Hypnose kann. Der Bühnenhypnotiseur nimmt deshalb Aufgaben oder Leistungen, von denen das Publikum in der Regel nicht weiß, daß sie jedem möglich sind. Wird das «Medium» nun in eindrucksvoller Weise für diese Aufgaben vorbereitet, begleitet von einer geheimnisvoll klingenden Musik und von bedeutungsvollen Bewegungen und Streichungen des Hypnotiseurs über den Körper des «Mediums», so gewinnt das Publikum den Eindruck, diese Leistung sei nur möglich, weil das «Medium» in Hypnose ist. Eine solche Leistung ist das Liegen zwischen zwei Stühlen, das fast jeder gesunde Mensch etwa eine bis zwei Minunten aushalten kann, und das sogar noch mit einer Person, die für kurze Zeit auf dem Körper steht. Aber wer weiß das schon? Wer legt sich schon unter normalen Umständen zwischen zwei Stühle und bittet eine andere Person, sich auf den ausgestreckten Körper zu stellen? Hypnose ist nicht erforderlich für diese Aufgabe. Hätte irgend jemand anders das «Medium» ohne all das «hypnotische Drumherum» einfach gebeten, sich zwischen die Stühle zu legen und sich dabei ganz steif zu halten, der Effekt wäre der gleiche gewesen.

Eine Fernsehsendung über Hypnose, an der einer von uns teilnahm, wurde damit eröffnet, daß sich der Moderator zwischen zwei Holzblöcke legte, seine Kollegin sich auf ihn stellte und er den Fernsehzuschauern versicherte, er sei nicht in Hypnose. Da der Regisseur bei der Aufzeichnung im Studio mit der ersten Einstellung nicht zufrieden war, mußte die Szene unmittelbar danach wiederholt werden, was dem nicht sonderlich sportlichen Moderator ohne Schwierigkeiten möglich war – auch ohne Hypnose.

Wir möchten an dieser Stelle warnen und darauf hinweisen, daß die sogenannte kataleptische Brücke zu Verletzungen führen kann, wenn man die eigene Kraft überschätzt bzw. diese von der oben stehenden Person überschätzt wird und man plötzlich «einbricht».

Wie mit der kataleptischen Brücke verhält es sich auch mit dem Liegen auf einem Nagelbrett in «Hypnose», wobei die Zuschauer verblüfft sind, daß das «Medium» kein Zeichen von Schmerz zeigt. Aber auch dazu ist keine Hypnose notwendig. Legt sich das Medium auf das Nagelbrett, so verteilt sich das Körpergewicht auf alle Nägel, wobei bei einem Brett mit vielen Nägeln ein Nagel höchstens mit etwa 150 bis 200 Gramm belastet ist. Bei einer derartig geringen Belastung kann der Nagel die Haut aber nicht durchdringen und wird nur als leichter Druck erlebt, selbst dann, wenn sich der Hypnotiseur auf das «Medium» stellt.

Neben diesen Leistungen, die in der Regel jedem möglich sind, verwendet der Bühnenhypnotiseur auch Tricks. Damit ähnelt er dem Zauberer, der seine unbegreiflichen Zaubertricks aber ehrlicherweise auch als Tricks deklariert, während dies der Bühnenhypnotiseur unterläßt. Das muß er auch. Denn mit dem Hinweis auf Tricks würde er zugeben, daß es die übernatürlichen Kräfte der Hypnose, deren Wirkung das Publikum sehen will, nicht gibt. Deswegen gibt er sich nicht als Trickkünstler aus, sondern als jemand, der das Publikum «objektiv» über die Wunder der Hypnose informieren will.

Einer dieser Tricks besteht darin, einen jungen Mann mit entblößtem Oberkörper auf einen Scherbenhaufen zu legen und sich auf ihn zu stellen. Das Ganze wird wieder mit suggestiver Musik untermalt und ist von bedeutungsvollen hypnotischen Streichungen und Bemerkungen des Hypnotiseurs begleitet. Wird noch das Mikrophon neben den Scherbenhaufen gelegt, während sich der Hypnotiseur auf den Mann stellt, erzeugt das ein nervenaufreibendes Knirschen des Glases, das auch dem letzten Zuschauer die Gefährlichkeit der Situation verdeutlicht. Nachdem der junge Mann wieder aus der «Hypnose» erwacht ist, stellt das Publikum erleichtert aufatmend fest, daß keine Schnittwunden zurückgeblieben sind: Ein weiterer Beweis für die Macht der Hypnose. Nur, die Scherben sind stumpf geschliffen, und jeder der Zuschauer könnte eine ganze Nacht ohne Hypnose darauf verbringen, ohne auch nur den geringsten Kratzer davonzutragen.

Das gleiche Prinzip trifft auch auf die suggerierten Brandblasen zu. Dabei wird das Stanniolpapier, das dem hypnotisierten Medium als glühendes Stück Eisen suggeriert wird, zuvor mit einer chemischen Substanz behandelt, die bei Kontakt mit der Haut Rötungen und Schwellungen hervorruft.

Beim «Unterbrechen des Blutflusses durch Hypnose» soll der Bühnenhypnotiseur einen Mitarbeiter im Publikum haben, mit dem dieser Trick abgesprochen ist – wie die Fachbücher für Bühnenhypnose anraten. Wie zufällig wird dieser Mitarbeiter dann ausgesucht und eingeladen, auf die Bühne zu kommen. Dort wird er in «Hypnose» versetzt, ein Arm in eine horizontale Lage gebracht und ihm «suggeriert», daß der Blutfluß in dem ausgestreckten Arm unterbrochen sei. Es wird dann gefragt, ob sich ein Arzt unter den anwesenden Zuschauern befindet, der auf die Bühne gebeten wird und

Abbildung 14: Hier finden wir eine ältere Darstellung der sogenannten «kataleptischen Brücke», die oft in Bühnenshows gezeigt wird. Zumeist steht dann der Bühnenhypnotiseur für eine kurze Zeit auf der – zwischen den Stühlen liegenden – Person. Durch die «hypnotische» Vorbereitung, begleitet von einer geheimnisvoll klingenden Musik, entsteht der Eindruck, daß die «kataleptische Brücke» nur im hypnotischen Zustand möglich sei. Dies ist aber nicht der Fall; Hypnose ist dazu nicht notwendig.

dort tatsächlich feststellt, daß in dem ausgestreckten Arm kein Pulsschlag spürbar ist. Wo ist der Puls geblieben? Der Mitarbeiter des Bühnenhypnotiseurs hat einen Golfball oder etwas Ähnliches unter der Achsel, der dort mit einem Gummiband befestigt ist. Sobald der Bühnenhypnotiseur mit der Suggestion beginnt, daß der ausgestreckte Arm wie leblos sei, ohne Blutzufuhr, preßt er den Golfball gegen die große Arterie unter dem Arm, so daß die Blutzufuhr in dem ausgestreckten Arm wirklich unterbrochen ist – allerdings nicht durch Hypnose. Es werden auch Methoden beschrieben, wie man den gleichen Effekt bei einem ahnungslosen Zuschauer erzeugt.

In dem amerikanischen Buch «Magie für Heim und Bühne» wird dem Bühnenhypnotiseur bei diesem Trick im übrigen empfohlen, den Zuschauern gegenüber die Unterbrechung des Blutflusses durch Hypnose mit pseudowissenschaftlichen Begründungen zu untermauern – also den Trick als eine wissenschaftliche Tatsache hinzustellen, um kritische Gedanken abzulenken.

Ein weiterer Trick, der in älteren Büchern für Bühnenhypnose zu finden ist, heutzutage aber – wohl wegen seiner Gefährlichkeit – kaum noch Verwendung findet, ist der folgende «für besonders skeptische Personen», wie er etwa in den amerikanischen Büchern «Ein kompletter Kurs in Bühnenhypnose» von 1965 oder in der «Enzyklopädie der Bühnenhypnose» von 1947 als Karotistechnik beschrieben ist. Dabei verschließt der Hypnotiseur die Arterien hinter dem Adamsapfel mit seinen Fingern, während er das «Medium» und die Zuschauer mit großartigen «hypnotischen» Manipulationen ablenkt, und wartet, bis das «Medium» aufgrund eines plötzlichen Blutunterdrucks (vermittelt durch den Druck auf die Barorezeptoren) ohnmächtig wird. In diesem Moment ruft er «Schlafe!» und läßt das «Medium» zu Boden gleiten. Sobald er merkt, daß das «Medium» wieder zu sich kommt, ruft er laut «Wieder vollkommen wach!» Diese Methode, die rein gar nichts mit Hypnose zu tun hat, ist gefährlich und überschreitet schon die Grenze zur Körperverletzung.

Wie gesagt, diese Methode scheint heute wegen der damit verbundenen Gefahr von Bühnenhypnotiseuren nicht mehr eingesetzt zu werden. Schließlich muß der Bühnenhypnotiseur darauf achten, daß seinen «Medien» keine Verletzung zustößt, da er sonst gerichtlich belangt und mit einem Auftrittsverbot belegt würde. Und das ist auch der Grund, warum der Bühnenhypnotiseur beim Feuerlaufen ausdrücklich keine Hypnose einsetzt. Dies hat einige Studiogäste während einer anderen Fernsehsendung, an der auch wir teilnahmen und in der ein Bühnenhypnotiseur einige Personen einlud, ohne Hypnose über glimmende Kohlen zu gehen, zunächst verblüfft. Warum sollte ausgerechnet dann, wenn es wirklich gefährlich wird, auf die «Macht» der Hypnose verzichtet werden? Der Grund daür ist einfach: Jeder kann über glühende Kohlen gehen – ohne Hypnose –, wenn er nur schnell genug geht. Aus wissenschaftlichen Untersuchungen weiß man, daß dies möglich ist, wenn die Temperatur der Kohle nicht mehr als 800 Grad Celsius beträgt und das Auftreten pro Fuß weniger als 0,6 Sekunden dauert. Feuerlaufen ist in Kalifornien schon seit einiger Zeit ein Freizeitspaß und wird zunehmend auch in Europa populär. Hypnose ist also nicht notwendig, um über glühende Kohlen zu gehen. Hypnose ist aber nicht nur unnötig, sondern könnte sogar hinderlich sein, wenn wirklich eine der beteiligten Personen in einen hypnotischen Zustand geriete. Dann würde sie sich nämlich langsam bewegen. Und das wäre gefährlich, denn dann würden die 0,6 Sekunden pro Fußtritt überschritten, und es käme zu Verbrennungen. Und nun ist auch klar, warum der Bühnenhypnotiseur neben den Feuerläufern hergeht. Er muß durch sein Schrittempo dafür sorgen, daß die beteiligten Personen schnell über die Kohlen gehen und somit keine Verbrennungen auftreten können.

Es gibt noch weitere Tricks, die von Bühnenhypnotiseuren verwendet werden. Wir wollen es bei den hier dargestellten Beispielen bewenden lassen. Eine Frage müssen wir aber noch behandeln. Warum machen denn die «Medien» überhaupt mit, wenn angeblich gar keine Hypnose im Spiel ist? Die «Medien» stehen ja nicht dabei und sagen unter Protest, sie seien nicht in Hypnose. Im Gegenteil, sie verhalten sich so, wie man es von einer hypnotisierten Person erwartet, und tun Dinge, die der Hypnotiseur durch irgendwelche handgreiflichen Tricks gar nicht beeinflussen kann. Sind diese Personen nicht vielleicht doch in Hypnose, wenn sie so bizarre Handlungen ausführen wie: einfach nicht wahrnehmen können, daß sie einen Schnuller im Mund tragen, krähen wie ein Hahn, der sich vor seinen Hennen aufspielen will, oder sich am ganzen Körper kratzen, weil der Bühnenhypnotiseur suggeriert hat, daß man sich in einem Ameisenhaufen befindet?

Faktoren des «hypnotischen» Verhaltens auf der Bühne

Für die Erzeugung solchen Verhaltens auf der Bühne ist ein hypnotischer Zustand nicht notwendig, wie in den Büchern über Bühnenhypnose nachzulesen ist. So etwa in der «Enzyklopädie der Bühnenhypnose», die darauf hinweist, daß verblüffende «hypnotische Phänomene» wie das Vergessen des eigenen Namens, Unfähigkeit, mit einem suggerierten Stottern aufzuhören, von einem Glas Wasser betrunken zu sein etc. völlig ohne Hypnose möglich sind. Aber wenn keine Hypnose für dies Verhalten verantwortlich ist, was dann? Im folgenden wollen wir auf die Faktoren eingehen, die für das «hypnotische» Verhalten auf der Bühne bestimmend sind.

Prestige des Bühnenhypnotiseurs

Zunächst einmal ist der Bühnenhypnotiseur *anders* als das anwesende Publikum. Er hebt sich vom «normalen» Zuschauer ab durch seine Kleidung, die manchmal an die eines Zauberers, manchmal an die eines Raubtierdompteurs erinnert. Weiterhin hat er keinen «normalen» Namen, sondern einen Phantasienamen wie etwa «Don Roberto», was auf eine Herkunft außerhalb unserer Breiten hinweisen soll. Dieses «Anderssein» wird weiter betont durch zusätzliche Hinweise, die den Bühnenhypnotiseur mit der Aura des Geheimnisvollen umgeben sollen. So behauptet ein holländischer Bühnenhypnotiseur von sich, daß er indianischer Herkunft sei. Ein anderer Bühnenhypnotiseur aus der Schweiz vertraute uns an, daß er schon drei Tode gestorben sei. Die ungewöhnliche Kleidung, der fremdartige Name und Hinweise der genannten Art sollen folgende Botschaft vermitteln: «Ich bin anders als der normale Mensch, ich bin außergewöhnlich, und deshalb kann man von mir auch erwarten, daß ich über außergewöhnliche Kräfte verfüge.» Die Vorspiegelung solcher Fähigkeiten wird noch ergänzt durch Berichte über außergewöhnliche Erfolge (Weltmeister der Hypnose etc.). Zum Eindruck des Außergewöhnlichen gehört auch, daß der Bühnenhypnotiseur sehr selbstsicher auftritt. Möglichst sollte er ein Talent zum Showmaster mitbringen, der auf der einen Seite das Publikum humorvoll unterhalten kann, es aber auch versteht, auf einen vordergründig bedeutungsvollen Ernst umzuschalten, wenn er das Publikum mit Berichten über die Wunder der Hypnose zu beeindrukken sucht.

Auswahl der «Medien»

In den Büchern zur Bühnenhypnose wird dem Bühnenhypnotiseur geraten, die Mitwirkenden für eine Showhypnose, oft auch als «Medien» bezeichnet, selbst auszusuchen und sie zu «testen». Denn die geeigneten «Medien» meldeten sich häufig nicht freiwillig, und unter den Freiwilligen seien oft auch Personen, die ihren Freunden beweisen wollen, daß sie dem Hypnotiseur widerstehen können. Die Auswahl der an der Hypnoseshow beteiligten Medien kann etwa so erfolgen: Zuerst weist der Bühnenhypnotiseur darauf hin, wie einfach es ist, sich mit Hilfe von Hypnose zu entspannen. Oder er bittet das Publikum, bei entsprechender musikalischer Untermalung, auf ein Licht oder eine sich drehende Spirale zu schauen. Dann gibt er einige einfache Testsuggestionen. Etwa, daß sich die Augen schließen und nicht mehr zu öffnen sind. Die Zuschauer, die auf die Anweisungen des Bühnenhypnotiseurs reagieren, werden auf die Bühne gebeten. Steht der Bühnenhypnotiseur im Rampenlicht und kann deswegen das Publikum nicht sehen, wird ein Helfer durch die Reihen geschickt, der kooperative Personen mit auf die Bühne nimmt. Dort gibt der Bühnenhypnotiseur weitere Suggestionen wie die Anweisung, in eine vorgestellte Zitrone zu beißen, wobei er sorgfältig die Reaktionen der «Medien» beobachtet. Und dies ist der entscheidende Moment für das Gelingen der Bühnenhypnose, wie die schon zitierte «Enzyklopädie» unterstreicht: «Beobachten Sie nun sorgfältig Ihre Medien, denn jetzt haben Sie die Chance, die Medien, die Sie nicht auf der Bühne haben wollen, auf diplomatischem Wege loszuwerden... gehen Sie auf sie zu und flüstern Sie: ‹Vielen Dank für Ihre Bereitschaft, aber würden Sie jetzt bitte ruhig die Bühne verlassen.›... Treten Sie dabei bestimmt auf und befreien Sie sich zu diesem Zeitpunkt von dem unerwünschten Material für Ihre Show... Das Erkennen von guten und schlechten Medien ist eines der ersten Dinge, die ein Bühnenhypnotiseur für einen reibungslosen Ablauf seiner Show lernen muß.» Natürlich spricht der Bühnenhypnotiseur nicht in das Mikrophon, während er die nicht erwünschten «Medien» bittet, die Bühne zu verlassen, sondern hält es weit von sich, so daß das Publikum nichts davon hört.

Bei schwierigen Aufgaben aber wird sich der Bühnenhypnotiseur nicht allein auf die im Publikum anwesenden Personen verlassen, sondern Personen mitbringen, von denen er sicher weiß, daß sie in der Lage sind, die geforderte Aufgabe zu bewältigen. Dies konnten wir in der zuletzt erwähnten Fernsehsendung beobachten. Zu Beginn der Sendung kam ein Bühnenhypnotiseur mit einem «Medium» langsam durch wallenden künstlichen Nebel aus dem Hintergrund des Aufnahmestudios nahe vor die Kameras, murmelte dauernd etwas und durchbohrte den äußeren Unterarm des «Mediums» mit einer Nadel, an der sich ein Faden befand. An diesen Faden band er eine halbgefüllte Mineralwasserflasche und ließ sie an dem durch den Arm gezogenen Faden hin und her baumeln. Das sah sehr eindrucksvoll aus. Was die Zuschauer im Studio und die Fernsehzuschauer nicht erfuhren, wir aber während der Vorbereitung der Sendung mitbekamen, war die Tatsche, daß der Bühnenhypnotiseur das «Medium», mit dem er öfters auftrat, eigens zu der Sendung mitgebracht hatte.

In derselben Sendung wurden Zuschauer von einem anderen Bühnenhypnotiseur gebeten, über glühende Kohlen zu gehen, ohne Hypnose – wie oben beschrieben. Der Bühnenhypnotiseur hatte dazu zwei junge Frauen mitgebracht, die Erfahrung mit dem Gehen über glühende Kohlen hatten. Diese ließ er als erste über die Kohlen gehen. Wahrscheinlich wollte der Bühnenhypnotiseur damit verhindern, daß als erste eine ängstliche Person vor dem Kohlenbecken steht und möglicherweise vor dessen Überquerung zurückschreckt. Das hätte die folgenden Personen ebenfalls davon abhalten können und somit der Show geschadet. Die mitgebrachten Personen hatten somit die Funktion von positiven Beispielen, die es den folgenden Personen aus dem Publikum leichter machen sollten, ebenfalls ihre Scheu zu überwinden. Auch in diesem Fall waren die Zuschauer nicht darüber informiert, daß die beiden ersten Personen vom Bühnenhypnotiseur mitgebracht worden waren und schon Erfahrung mit dem Überqueren des Kohlenbeckens hatten.

Offensichtlich verließ sich der Bühnenhypnotiseur hier nicht allein auf die «Macht der Suggestion», sondern suchte Unterstützung bei der Kraft des positiven Beispiels.

Erwartungsdruck

Stellen Sie sich vor, Sie stünden auf einer Bühne mit einigen anderen Personen, die wie Sie mit einer gewissen Anspannung auf den selbstsicher auftretenden Mann neben Ihnen schauen, den etwas Geheimnisvolles umgibt und der offensichtlich über die Fähigkeit verfügt, andere Menschen in Hypnose zu versetzen. Sie schauen, auch wenn Sie durch die Scheinwerfer etwas geblendet sind, auf eine große Zahl von Zuschauern, die gekommen sind, um hier eine Hypnosedemonstration zu sehen, und die dafür nicht wenig Geld bezahlt haben. Das zahlreiche Publikum schaut neugierig auf den Bühnenhypnotiseur, der selbstsicher, gelassen und locker die Situation beherrscht und sensationell anmutende Dinge ankündigt, was das Publikum bereitwillig aufnimmt. Sie hören das aufgeregte Geflüster von Zuschauern, die sich vielleicht gegenseitig anstoßen, um sich auf dies und das aufmerksam zu machen, dabei nervös kichern. Und Sie sind ein Teil dieser Demonstration. Von Ihrem Verhalten wird es unter anderem anhängen, ob das Publikum zufrieden nach Hause geht oder ob es enttäuscht sein wird. Sie wissen nicht, was Sie erwartet, und Sie sind verständlicherweise gespannt und ein wenig nervös. Ihr Verhalten entscheidet mit darüber, ob die Atmosphäre von gespannter, erwartungsvoller Neugier in Begeisterung und heiteres, ungläubiges Lachen mündet, das sich mit dem lang anhaltenden Beifall mischt, der dann zum Teil auch Ihnen gilt, oder ob sie in eine gelangweilte, vielleicht sogar aggressive Stimmung umkippen wird.

Die meisten von Ihnen werden noch nicht als «Medium» in der Show eines Bühnenhypnotiseurs aufgetreten sein. Aber eine ähnliche Situation ist Ihnen vermutlich bekannt: Denken Sie einmal an eine Party, auf der die eingeladenen Gäste sich nicht kennen. Der Zweck einer solchen Party ist, sich zu amüsieren, Spaß zu haben. Gewöhnlich herrscht zu Beginn eine gewisse Spannung, die nachläßt, wenn man nicht stumm nebeneinandersteht, sondern ins Gespräch kommt, miteinander scherzt, Anekdoten und amüsante Geschichten erzählt. Dabei kann man häufig beobachten, auch an sich selbst, daß man über einen Witz ausgelassen lacht, der vielleicht gar nicht so witzig ist und über den man unter anderen Umständen wahrscheinlich nur gelangweilt das Gesicht verzogen hätte. Da aber eine solche Party nur ein Erfolg ist, wenn man der Rolle eines «Partygastes» gerecht wird, ist die Bereitschaft viel größer, das Verhalten zu zeigen, das zum Erfolg der Party beiträgt, nämlich zu lachen, andere Gäste anzusprechen, Komplimente zu machen. Ein solches Verhalten führt zu einer Entspannung der Situation. Dies wäre nicht der Fall, wenn ein Gast einen mäßig amüsanten Witz kritisieren und als dumm bezeichnen würde. Diese Bemerkung würde als unhöflich und deplaciert betrachtet werden, den Kritiker zum Außenseiter stempeln und eine unbehagliche Atmosphäre schaffen. An diesem Beispiel sieht man, daß das «Etikett» einer Situation («Party») auch Erwartungen an das Verhalten der Personen stellt. Und diese Erwartungen stellen auch einen gewissen Druck dar, ihnen gerecht zu werden, da man andernfalls die negativen Konsequenzen («Außenseiter», «unfreundlich») tragen muß.

Kommen wir zurück zur Bühnenhypnose. Auch hier besteht ein Druck für das «Medium», den gespannten Erwartungen des Publikums und des Hypnotiseurs gerecht zu werden. Sich den Suggestionen des Bühnenhypnotiseurs zu widersetzen und gegen das Interesse der gesamten Zuschauer zu handeln, sich also «falsch» zu verhalten und als Außenseiter dazustehen, erfordert schon einen gewissen Mut. Befolgt das «Medium» hingegen die Suggestionen und enttäuscht das Publikum nicht, so wird es für das «richtige» Verhalten mit dem Beifall des Publikums belohnt. Der Beifall bestärkt das «Medium» in dem «richtigen» Verhalten, und die nervöse Anspannung läßt nach. Der erfahrene Bühnenhypnotiseur wird daher darauf achten, daß das Publikum die «Medien» nach jeder befolgten Suggestion mit Beifall bedenkt.

Steckt hinter diesen Überlegungen die Annahme, daß die «Medien» einfach nur so tun, als wären sie in Hypnose, um durch die Simulation dem Erwartungsdruck zu entkommen? Zitieren wir wieder die «Enzyklopädie der Bühnenhypnose»: «Eine beträchtliche Anzahl von Medien simuliert... Diese Simulation ist aber keine willentliche Täuschung, sondern entsteht häufig aus dem intensiven Wunsch, mit dem Bühnenhypnotiseur zu kooperieren und die Show zu unterstützen.» Wir glauben, daß sich die Teilnehmer einer Bühnenhypnose in einer «Grauzone» befinden, wo sie nicht wissen, ob sie willentlich einer Suggestion folgen, z. B. einen Schnuller nicht mehr aus dem Mund nehmen können, oder ob Hypnose dafür verantwortlich ist. Wesentlich dabei scheint uns, daß die «Medien» nicht wissen, was Hypnose eigentlich ist, und es ihnen deswegen leichtfällt, das als Hypnose aufzufassen, was in Wirklichkeit die Hemmung ist, die sie erleben, wenn sie versuchen, den Erwartungen des Publikums zuwiderzuhandeln.

Der Erwartungsdruck bei der Bühnenhypnose, von dem in diesem Abschnitt die Rede ist, kann von den beteiligten Personen natürlich nur dann erlebt werden, wenn sie wissen, daß es um Hypnose geht. Ein Bühnenhypnotiseur wird deshalb in einer Situation, in der niemand eine Hypnose erwarten würde, etwa auf einer Beerdigung, in einem Supermarkt etc., keinen Erfolg haben. Würde er auf eine Person zugehen und ihr in der Absicht, sie zu «hypnotisieren», mit der Hand über das Gesicht fahren, würde dies als eine völlig unverständliche Handlung aufgefaßt werden, schlimmstenfalls als ein aggressiver Akt, der empört zurückgewiesen würde.

Die Entschuldigung, in Hypnose zu sein

Das bisher Gesagte muß noch durch ein wichtiges Prinzip ergänzt werden, um zu erklären, warum sich Personen in einer Hypnoseshow lächerlich machen. Ähnlich wie Personen, die auf Familienfeiern oder Partys besonders ausgelassen waren, dies tags darauf mit dem Hinweis erklären, sie seien «beschwipst» gewesen und wüßten gar nicht mehr recht, was sie alles angestellt hätten, machen es auch die «Medien». Ihr lächerliches Verhalten können sie damit entschuldigen, daß eigentlich gar nicht sie selbst es waren, sondern die

«Hypnose», die dieses Verhalten bewirkt habe. Außerdem könnten sie sich nicht mehr daran erinnern, was sie alles getan hätten. In diesem Sinne äußert sich auch das Buch «Ein kompletter Kurs in Bühnenhypnose»: «Die teilnehmenden Personen sind... Schauspieler (sie spielen die Rolle der hypnotisierten Person). Sie haben erkannt, daß sie einen perfekten Schutz haben, hinter dem sie sich verstecken können, wenn sie irgendein komisches oder lächerliches Verhalten zeigen (sie sind hypnotisiert, und das ist die Entschuldigung). Es gibt immer wieder ein oder zwei Personen in einer Gruppe, die die anderen übertreffen und eine herausragende Vorstellung geben.» Zwischen solchen Personen kann es dann zu einem Wettstreit kommen, wer die Zuschauer am besten unterhält. Das erwähnte Buch «Ein kompletter Kurs in Bühnenhypnose» macht darauf aufmerksam, daß solche «Medien» in ihrem Eifer oft die «hypnotische» Rolle ausschmücken und dabei Reaktionen zeigen, die über die vom Bühnenhypnotiseur verlangten hinausgehen. Hier müsse der Bühnenhypnotiseur aufpassen, daß er mit den Suggestionen nachkomme, um es so aussehen zu lassen, als würde er das Verhalten hypnotisch kontrollieren.

Wie wir in den folgenden beiden Kapiteln sehen werden, hat die Klinische Hypnose, die von Psychologen und Ärzten als Therapieform eingesetzt wird, nichts mit der Bühnenhypnose zu tun. In Kapitel 5 haben wir schon darauf hingewiesen, daß der hypnotische Zustand allein nicht schon die Therapie ist, sondern die Therapie in Kombination mit dem hypnotischen Zustand stattfindet. Selbst wenn ein Bühnenhypnotiseur einen hypnotischen Zustand erzeugt, ist damit noch kein therapeutischer Effekt erzielt, da die eigentliche Therapie jetzt erst folgen müßte. Aber Therapie ist natürlich nicht das Ziel des Bühnenhypnotiseurs, der mit Tricks und dadurch, daß er andere Menschen lächerlich aussehen läßt, Geld verdienen will.

Auch wenn Hypnose nicht notwendig ist, um die «Wunder» der Bühnenhypnose auf der Bühne zu erzeugen, kann es doch passieren, daß der eine oder andere Teilnehmer in Trance gerät. Unter Umständen können dann Phänomene auftreten, mit denen der Bühnenhypnotiseur nicht fertig wird, weil er für solche Fälle nicht ausgebildet ist und daher keine Möglichkeit hat, angemessen zu reagieren. So etwa im Fall einer Frau, die von einem Bühnenhypnotiseur auf der Bühne angewiesen wurde, sich wie ein kleines Kind zu verhalten. Die Frau geriet in einen hypnotischen Zustand und erlebte die Zeit wieder, die sie als Kind in einem deutschen Konzentrationslager verbracht hatte, worauf schwere psychotische Symptome auftraten. Der Bühnenhypnotiseur wollte die Frau möglichst schnell von der Bühne haben und kümmerte sich auch anschließend nicht um sie. Er hätte wohl auch nicht gewußt, wie. Die Frau mußte später zur Behandlung in eine psychiatrische Anstalt eingewiesen werden. Bei der Besprechung der Gefahren der Hypnose in Kapitel 5 haben wir gesehen, daß in den Fällen, in denen negative Folgen von Hypnose berichtet werden, diese häufig nach einer Bühnenhypnose auftraten. Wegen der möglichen Gefahren ist Bühnenhypnose in Schweden gesetzlich verboten. Wenn Klinische Hypnose und Bühnenhypnose nichts miteinander zu tun haben, warum haben wir uns dann ein ganzes Kapitel lang damit beschäftigt? Viele Patienten, die zu uns kommen, glauben, daß die therapeutische Hypnose genauso abläuft wie die Hypnose, die sie von der Bühne her kennen. Sie hatten ja in der Regel bisher noch keine Gelegenheit gehabt, eine entsprechende Information über die Klinische Hypnose zu erhalten. Wenn der Patient dann in Hypnose, die nicht mit einem Fingerschnippen eingeleitet wird, fast alles mitbekommt, was um ihn herum geschieht, er seinen Willen behält, sich an fast alles erinnert und es einige Zeit dauert, bis die Behandlung zum Erfolg führt, und er nicht gleich, nachdem er aus der Hypnose aufwacht, von allen Leiden befreit ist, denkt er vielleicht, daß er nicht richtig mit Hypnose behandelt wird. Daher ist es wichtig, bei einer Darstellung der Hypnose auch die Bühnenhypnose zu berücksichtigen, da diese häufig das Bild von der Behandlung mit Hypnose prägt – falsch prägt.

Beschließen wir die Behandlung der Bühnenhypnose mit einem Zitat aus der «Enzyklopädie der Bühnenhypnose», die für Bühnenhypnotiseure geschrieben wurde und die das bisher Gesagte noch einmal zusammenfaßt: «Dem erfolgreichen Bühnenhypnotiseur von heute ist es gleich, ob seine Medien tatsächlich in Hypnose sind oder nicht – seine Aufgabe besteht einzig und allein darin, zu unterhalten. Ihn interessiert... wie er seine Medien zu einem Pseudoverhalten veranlassen kann, das wie Hypnose aussieht – um seine Zuschauer zum Lachen zu bringen und zu unterhalten.»

Zusammenfassung

Das Ziel des Bühnenhypnotiseurs ist nicht die objektive Berichterstattung über das Phänomen Hypnose, sondern das Publikum in Staunen zu versetzen und dadurch zum Lachen zu bringen, daß er andere Personen auf der Bühne lächerlich aussehen läßt. Wie die Fachbücher für Bühnenhypnotiseure betonen, ist Hypnose dazu nicht notwendig.

Bei den zunächst verblüffend erscheinenden «hypnotischen Phänomenen» verwendet der Bühnenhypnotiseur Tricks oder läßt Aufgaben durchführen, die jeder auch ohne Hypnose bewältigen kann, die aber durch das «Drumherum» (beschwörende Gesten, geheimnisvolle Musik, Suggestion) den Eindruck vermitteln, als wäre eine übernatürliche Kraft im Spiele. So etwa beim Liegen zwischen zwei Stühlen (kataleptische Brücke), das auch ohne Hypnose jedem Gesunden möglich ist.

An dem angeblich «hypnotischen Verhalten» von «Medien» auf der Bühne sind mehrere nicht-hypnotische Faktoren beteiligt wie Prestige des Bühnenhypnotiseurs, Erwartungsdruck durch das Publikum, Auswahl geeigneter «Medien». Wichtig ist ebenfalls, daß die «Medien» des Bühnenhypnotiseurs nicht wissen, was Hypnose eigentlich ist, und dabei die nur schwer zu überwindende Hemmung, durch Nichtbefolgen der Suggestionen die Show zu stören, als Hypnose mißverstehen. Überdies haben sie – ähnlich wie nach Alkoholgenuß –, den Hinweis auf den Hypnosezustand, um ihr ungewöhnliches und z. T. lächerliches Verhalten zu entschuldigen.

Auch wenn Klinische Hypnose und Bühnenhypnose nichts miteinander zu tun haben, muß dennoch auf die Gefahren hingewiesen werden, die bei Personen auftreten können, die während einer Bühnenshow in Hypnose geraten. In Schweden ist deswegen Bühnenhypnose verboten.

Kapitel 7:

Wie wird eine Hypnose eingeleitet?

Aus den vorausgegangenen Kapiteln wissen wir schon sehr viel über den hypnotischen Zustand, haben unsere Vorurteile gegenüber der Hypnose korrigiert, sind in die Geschichte der Hypnose eingetaucht, um die Vorläufer der modernen Hypnose aufzuspüren, haben nun eine Vorstellung davon, wer hypnotisierbar ist und wer hypnotisieren kann und soll, und wissen auch, daß Bühnenhypnose und Hypnosetherapie nicht viel miteinander gemein haben. Im nächsten Kapitel wollen wir uns mit der Frage beschäftigen, wie Hypnose therapeutisch verwendet wird, und in diesem Kapitel betrachten, wie ein hypnotischer Zustand eingeleitet oder – wie man «fachmännisch» sagt – «induziert» wird (abgeleitet von dem lateinischen «inducere», was «hineinführen» bedeutet).

Im ersten Kapitel haben wir beschrieben, welche Veränderungen in Hypnose auftreten. Zum einen waren dies *körperliche* Veränderungen, wie Abnahme von Herzschlagrate und Hautwiderstandsänderungen, Abnahme von Stresshormonen, Zunahme von Alphawellen in der rechten Hirnhälfte etc., und zum anderen Veränderungen im *Erleben*, wie Einengung der Aufmerksamkeit, veränderte Wahrnehmung von Körper und Umgebung sowie eine Zunahme des bildhaften Denkens. Wenn all diese Veränderungen den hypnotischen Zustand ausmachen, müßte man den hypnotischen Zustand ja herstellen können, indem man genau diese Veränderungen herbeiführt. Nun wird man aber zur Einleitung eines hypnotischen Zustandes die einzelnen körperlichen Veränderungen nicht auf direktem Wege erzeugen – zum Beispiel Stresshormone aus der Blutbahn entnehmen in der Hoffnung, damit einen hypnotischen Zustand zu erzielen. Derartige Maßnahmen, die überdies sehr aufwendig sind, wären wohl nicht von einem veränderten Bewußtseinszustand begleitet. Der einfachere und richtige Weg in die Hypnose ist die schrittweise Veränderung des bewußten Erlebens, und zwar eine schrittweise Einengung der Aufmerksamkeit, der Körperwahrnehmung sowie der Zunahme des bildhaften Denkens. Die Einleitung einer Hypnose besteht somit aus Maßnahmen, die zu diesen Veränderungen im Erleben führen. Welche Maßnahmen sind es, mit denen die Aufmerksamkeit eingeengt, die Körperwahrnehmung verändert und ein bildhaftes Denken erzeugt wird?

Einengung der Aufmerksamkeit

Man kann die Aufmerksamkeit auf alles richten, was mit den fünf Sinnen wahrgenommen werden kann. Dementsprechend gibt es zahllose Möglichkeiten, die Aufmerksamkeit des Patienten auf etwas zu konzentrieren und ihn aufzufordern, in seiner Konzentration nicht nachzulassen. Eine uralte Methode ist die Augenfixationsmethode, bei der der Patient längere Zeit unentwegt auf etwas schaut, sei es auf ein mit Öl gefülltes Gefäß, wie im magischen Papyrus beschrieben, oder auf einen glänzenden Gegenstand, wie von James Braid empfohlen, oder, wie heute noch praktiziert, auf die Bleistift- oder Fingerspitze des Therapeuten. Die Einengung der Aufmerksamkeit ist ein erster Schritt auf dem Weg in die Hypnose, der die Beschäftigung mit den vielen Gedanken, die uns durch den Kopf gehen, unterbinden soll – ähnlich wie die Konzentration in den Meditationsübungen aus dem Fernen Osten zu Ruhe und Leere des Geistes führen soll.

Nun kann man die Aufmerksamkeit auch auf einen Vorgang richten, den man selbst erzeugt, indem man konzentriert auf dessen Durchführung achtet. Dies wird häufig für eine Hypnoseinduktion verwendet. Ein Beispiel dafür: Der Patient hält mit geschlossenen Augen seine Arme waagerecht ausgestreckt vor seinen Oberkörper, die beiden offenen Handflächen sind aufeinander gerichtet, und er konzentriert sich auf die Vorstellung, daß beide Handflächen aufeinander zu gezogen werden, so, als wären in den Handflächen zwei starke Magnete. Wenn diese Vorstellung sehr stark ist und man gleichsam die Energie der sich anziehenden Magnete zwischen den Händen spürt, werden sich die Hände langsam aufeinander zu bewegen, ohne daß man das Gefühl hat, hier willentlich nachgeholfen zu haben. Dazu muß man sich aber etwas Zeit lassen.

Vielleicht legen Sie einmal das Buch beiseite und führen diese Übung durch, die Sie «richtig» gelöst haben, wenn die kaum wahrnehmbaren Bewegungen in kleinen «Rucken» vor sich gehen und Sie mit der Zeit das Gefühl dafür verlieren, wo sich ihre Arme gerade befinden, ob sie schon nahe beieinander oder noch weit voneinander entfernt sind. Entscheidend für das Gelingen dieser Übung ist die Intensität Ihrer Vorstellung.

Eine derartig einleitende Übung hat den Vorteil, daß gleichzeitig mit dem Richten der Aufmerksamkeit auf die Hände auch die Vorstellungsaktivität angeregt wird und, nachdem die Arme wieder im Schoß liegen, eine veränderte Körperwahrnehmung vorbereitet ist, die durch die nachlassende Anspannung in den Armen bewirkt wird. Der Therapeut wird bei diesem Vorgehen die Reaktionen des Patienten genau beobachten und suggestiv verstärken.

Wir sprechen hier von der Einengung der Aufmerksamkeit als einer Maßnahme zur Erzeugung eines hypnotischen Zustandes. Dabei ist unsere Aufmerksamkeit auch im hellwachen Zustand schon eingeschränkt. Der Therapeut kann die Aufmerksamkeit des Patienten auf diese Tatsache lenken und als Einleitung für die Hypnose verwenden. Wenn Sie den folgenden Abschnitt lesen, versuchen Sie einmal, das dort Gesagte nachzuvollziehen:

«Wenn Sie jetzt das Folgende lesen, tun Sie es ruhig langsam, und machen Sie unterwegs einen Halt, wenn Sie möchten. Es war die Rede davon, daß unsere Aufmerksamkeit eingeschränkt ist, auch im hellwachen Zustand und auch jetzt hier bei Ihnen, obwohl die Dinge, die außerhalb Ihres Aufmerksamkeitsfeldes liegen, die ganze Zeit in Ihrem Bewußtsein vorhanden sind. So haben Sie Ihre Hände nicht gespürt, während Sie dies lesen, obwohl sie in Ihrem Bewußtsein vorhanden sind, jetzt, wo Sie darauf achten. Und während Sie weiterlesen und auf dieses Buch schauen, gibt es noch viele andere Dinge, die Sie nicht wahrnehmen, obwohl sie in Ihrem Bewußtsein, hier und jetzt, vorhanden sind. Sie haben nicht auf den Rhythmus Ihres Atems geachtet oder darauf, wie und wo Ihre Füße stehen oder

aufliegen, oder ob Sie irgendwo am Körper verspannt sind. Und während Sie vielleicht jetzt darauf achten, sind Ihnen vermutlich die Geräusche, die Sie umgeben, nicht bewußt, oder Sie haben jetzt im Moment nicht an einen Menschen gedacht, der für Sie wichtig ist, und auch nicht wahrgenommen, obwohl es offen vor Ihren Augen liegt, daß die Wörter, die Sie hier lesen, aus einzelnen Buchstaben zusammengesetzt sind. Alle diese Beispiele zeigen, daß wir nie alles wahrnehmen können, sondern nur einen Teil, und zwar den, auf den wir die Aufmerksamkeit richten. Und nehmen wir nicht immer nur einen Teil von uns selbst wahr und andere Bereiche unserer Persönlichkeit nicht, die in einem tranceartigen Zustand eher bewußt werden können – genauso wie Erinnerungen an Gefühle und Empfindungen aus anderen Lebensabschnitten, als wir uns besonders zuversichtlich und stark fühlten, als wir verliebt waren oder noch ganz andere Pläne und Lebensziele hatten, wie etwa in der Schulzeit? Wie leicht passiert es im Alltag, daß wir die Lebenserfahrungen, die für eine optimistischere Lebensführung wichtig sind, vergessen haben oder Seiten unserer Persönlichkeit vernachlässigt haben, die uns vielleicht jetzt zur Bewältigung unseres Alltags fehlen. Kann es nicht auch sein, daß wir bei der Beurteilung der Menschen, die uns wichtig sind, manchmal nicht den ganzen Menschen sehen, sondern nur die Teile, die uns gefallen, oder nur die Teile, die uns mißfallen? Und sehen wir nicht, daß wir durch unsere Auswahl der Persönlichkeitsanteile des anderen auch sein Verhalten uns gegenüber beeinflussen? Und über diese Gedanken haben wir unser Körpergefühl wieder vergessen, das Gefühl in den Händen und den Füßen.»

Hier haben wir ein einfaches Beispiel dafür, wie die Einengung der Aufmerksamkeit gesprächsweise vor sich gehen kann (und haben dabei die Augen geöffnet für die Tatsache, daß unsere Aufmerksamkeit immer eingeengt ist).

Veränderung der Körperwahrnehmung

Schon während der Einengung der Aufmerksamkeit wird der Therapeut begonnen haben, Suggestionen für eine Veränderung der Körperwahrnehmung zu geben, die sich in der Regel auf Entspannung und Schwere in den Gliedern sowie auf ein ruhiges, gelöstes Atmen beziehen. Mit zunehmender Zeit können aber auch nichtsuggerierte Veränderungen in der Körperwahrnehmung auftreten. So werden einige Körperteile gar nicht mehr oder nur verzerrt wahrgenommen, zum Beispiel scheinen die Arme länger zu sein, oder das Gefühl für die Lage der Beine ist verschwunden. Diese spontanen Änderungen können noch ergänzt werden durch spontane Veränderungen in der Körpertemperatur. So werden die Hände vielleicht als warm oder auch kalt erlebt. Mit zunehmender Schwere der Glieder kann sich auch ein Gefühl der Taubheit und Unempfindlichkeit einstellen, so daß der Patient den Einstich einer Nadel nicht oder nur als Druck oder leichten Kratzer empfindet, ohne daß Unempfindlichkeit suggeriert worden wäre.

Zwar gilt ein entspanntes Körpergefühl bei ruhiger Atmung und ruhigem Herzschlag als typisch für den hypnotischen Zustand, es kann aber auch das Gegenteil auftreten, wenn der Therapeut in der Hypnose zum Beispiel belastende Kindheitserlebnisse wiedererleben läßt. Einen Patienten, der unfähig war, Gefühle zu erleben, und der als Kind unter einem extrem strengen und brutalen Vater gelitten hatte, ließen wir die Gefühle ausleben, die er damals unterdrükken mußte. Die dabei auftretenden körperlichen Reaktionen glichen dabei nicht dem typisch entspannten Zustand in der Hypnose, sondern eher einer mesmerischen Krise.

Die Wahrnehmungsänderungen müssen nicht auf den eigenen Körper beschränkt bleiben, sie können auch die Stimme des Therapeuten betreffen. Häufig kommt es auch zu einer veränderten Zeitwahrnehmung. Läßt man Patienten nach Aufhebung der Hypnose schätzen, wieviel Zeit seit der Einleitung der Hypnose vergangen ist, wird die Zeit zum Teil drastisch unterschätzt. So wird etwa die Dauer einer einstündigen Hypnosesitzung auf zwanzig Minuten geschätzt, das heißt, die Zeitwahrnehmung in der «inneren Realität» ist eine andere als in der «äußeren».

Aktivierung der Vorstellungstätigkeit

Die wichtigste Maßnahme aber, um einen Patienten aus dem Alltag herauszulösen und mit ihm in einer anderen, einer «inneren» Realität zu arbeiten, ist die Aktivierung der Vorstellungstätigkeit, deren Inhalte der Hypnosetherapeut nach therapeutischen Gesichtspunkten gestaltet. Die Aktivierung der Vorstellungstätigkeit kennen wir auch aus dem täglichen Leben. So verlassen wir «geistig» den Alltag in Tagträumen, die meist spontan, ohne unser bewußtes Zutun entstehen. Oder wir sind von einem Buch oder einem Film so gefesselt, daß wir die Realität um uns vergessen. Der Unterschied zwischen der Hypnose und diesen Alltagsphänomenen besteht zum einen in der gewöhnlich größeren Intensität, mit der der Patient sich in dieser vom Therapeuten gestalteten inneren Realität befindet, und zum anderen darin, daß die *Inhalte* der Vorstellungsaktivität im Sinne eines therapeutischen Ziels gelenkt sind. Wie erreicht der Hypnosetherapeut, daß im Vorstellungsraum des Patienten eine veränderte «innere» Realität entsteht?

Durch Konzentration der Aufmerksamkeit des Patienten wird die normale Gedankentätigkeit unterbrochen und kommt zur Ruhe. In diesem Zustand der zwar eingeengten, aber auf den Therapeuten konzentrierten Aufmerksamkeit ersetzt der Therapeut die vom Patienten normalerweise selbst kontrollierten Gedanken durch seine suggestiv formulierten Anweisungen. Diese Anweisungen zielen u. a. darauf, den Patienten in der Vorstellung bestimmte Situationen möglichst wahrheitsgetreu erleben zu lassen.

Eine Möglichkeit, den Vorstellungsraum des Patienten zu füllen, besteht einfach darin, dem Patienten zu sagen, er solle sich eine bestimmte Situation vorstellen, etwa als Kind in der Schule: «Sie sind jetzt wieder mit Ihren Schulkameraden in der Schule an einem schönen Tag.»

Eine andere Möglichkeit, dieselbe Anweisung zu geben, wäre die folgende:

«Kinder können so lebendig und ausgelassen sein. Gerade in den Pausen auf dem Schulhof kann man das verfolgen, wenn sie mit Geschrei und Lärm hintereinander herjagen. Bei Ihnen war es vielleicht nicht anders, als Sie ein Kind waren. Mit welchen Schulkame-

raden haben Sie da am liebsten gespielt, und welche Kinder waren Ihre Feinde? Ja, auch Kinder haben Feinde und Angst. Wissen Sie vielleicht noch, wie groß Ihr Schulhof war und welche Farbe das Schulhaus hatte und wie der Lärm hallte in den Fluren? Schulhäuser haben oft einen bestimmten Geruch, und auch an Gerüche kann man sich erinnern, insbesondere beim Einatmen, genauso wie man die Gesichter der Freunde von damals vor sich sehen kann, wie sie lachen, wie sie sich in der Turnhalle bewegen ...»

Und so fort.

Diese beiden Beispiele unterscheiden sich darin, daß im ersten Beispiel die *direkte* Anweisung gegeben wird, ein Kindheitserlebnis nachzuvollziehen, und im zweiten dies eher *indirekt* geschieht, durch Schilderung einer Situation und durch Fragen. Die Fragen werden häufig so formuliert, daß man sie nur durch Bilden einer Vorstellung beantworten kann. Ein Beispiel für eine solche Frage ist etwa die folgende: «Wie viele Fenster hat Ihre Wohnung?» bei der Antwort auf die Frage, wie viele Fenster die eigene Wohnung hat, stellt man sich zunächst die Wohnung vor und geht dann durch die vorgestellte Wohnung, um die Fenster zu zählen. Bei der Beantwortung solcher Fragen bekommt man leicht einen «geistesabwesenden» Blick, das heißt, man ist zwar körperlich noch da, ist aber im Geiste an einem anderen Ort. In der Hypnose wird der Therapeut die «Abwesenheit» des Patienten lenken, wobei er den Patienten nicht nur an einen anderen «geistigen» Ort führt, sondern auch in andere Stimmungen, Gefühle oder ihm eine andere Selbstwahrnehmung ermöglicht.

Das bisher Gesagte wäre eine kurze Einleitung für die Darstellung von Hypnosetechniken, die sich jetzt hier anschließen müßte. Denn was wir bisher über die Hypnoseinduktion gesagt haben, ähnelt dem Bemühen, die Wirkung eines erfolgreichen Musikstücks dadurch begreiflich zu machen, daß man zum einen erklärt, die Musik werde von drei Instrumenten gemacht, und dann ein paar aus dem Zusammenhang gerissene Takte auf dem einen und ein paar Takte auf dem anderen Instrument vorspielt. Und das ist natürlich etwas anderes, als das gesamte Musikstück zu hören. Eine eingehendere Darstellung von Hypnosetechniken würde aber den Rahmen des Buches sprengen, das ja primär als Information für interessierte Laien und Patienten gedacht ist.

Auf eines wollen wir aber noch hinweisen, und zwar auf eine Entwicklung in der modernen Hypnosetherapie, die seit Ende der siebziger Jahre auch in Deutschland zunehmend breiteren Raum einnimmt. Früher verwendete man in der Regel ein standardisiertes, direktes Vorgehen bei der Hypnoseinduktion, ein Vorgehen also, daß im großen und ganzen bei jedem Patienten gleichermaßen angewendet wurde, unabhängig von der Individualität des Patienten. Nun kann man mit ein und demselben Schlüssel nicht alle Türen öffnen, und so ist es auch mit Hypnoseinduktionen, die nur dann den Zugang zum Patienten erfolgreich öffnen, wenn sie speziell für *einen* Patienten angefertigt sind. Die moderne Form der Hypnosetherapie trägt dem Rechnung und stimmt die Hypnoseinduktion und -therapie auf die Persönlichkeit des Patienten ab, indem sie sein Wertesystem, seine Weltsicht, seine Erfahrungen wie auch seine Art zu sprechen verwendet, um ihm den bestmöglichen Zugang zur Erfahrung von Hypnose zu ermöglichen. Wir haben schon mehrmals erlebt und auch von Kollegen gehört, daß Patienten, bei denen früher eine Standardhypnose keinen Erfolg hatte, durchaus eine tiefe Hypnose erfahren konnten, wenn diese auf ihre Persönlichkeit «zugeschnitten» war. Letztendlich bedeutet dies, daß für jeden Patienten eine neue Hypnoseinduktion erstellt wird. Diese sehr individuelle Form der Hypnoseinduktion und -therapie ist aber nur möglich, wenn man den Patienten genau kennt und viel über ihn weiß, und zwar nicht nur über seine Krankheit oder seine Probleme. Die modernen Methoden der Hypnoseinduktion werden häufig auch als *indirekt* bezeichnet, da hier mit trancefördernden Sprachmustern gearbeitet wird, die den Patienten nicht direkt anweisen, dies oder das zu tun oder zu erleben, sondern Hypnose induzieren bzw. therapeutische Maßnahmen vorbereiten, ohne daß es dem Patienten bewußt werden muß. Natürlich wird ein Hypnosetherapeut die seit Jahrhunderten bewährten direkten Methoden nicht ignorieren, sondern beide Vorgehensweisen – die direkten wie die indirekten – sinnvoll miteinander kombinieren.

Mit den modernen Induktionsmethoden hat sich das Spektrum der hypnotherapeutischen Verfahren wesentlich erweitert, ebenso wie die Anforderungen an den Hypnosetherapeuten in bezug auf Kreativität, Einfühlungsvermögen und verbale Geschicklichkeit gestiegen sind. Dies spiegelt sich auch in den Ausbildungsvorschriften der Fachverbände wider, die in dieser neuen Form der Hypnosetherapie ausbilden (Deutsche Gesellschaft für Hypnose, Milton-Erickson-Gesellschaft für Klinische Hypnose). So verlangt die *Deutsche Gesellschaft für Hypnose* von Zahnärzten, Diplompsychologen und Ärzten, das heißt von schon ausgebildeten Fachleuten, noch eine über zwei Jahre verteilte Hypnoseausbildung bis zur Erlangung des Zertifikats.

Während einer Hypnose gibt es immer zwei «Teile» im Patienten: einen «logischen, analysierenden» Teil, der sich in der Realität der therapeutischen Situation befindet und *beobachtet*, was der Therapeut macht, und einen anderen Teil, der *erlebt*, der – losgelöst von der aktuellen therapeutischen Situation – aufgeht in der vom Therapeuten geschaffenen «inneren» Realität und die tiefe Gelassenheit und Ruhe des Körpers genießt. Die Lebendigkeit und Tiefe der hypnotischen Erfahrung ist bestimmt durch den Teil, der während der Hypnose in den Vordergrund tritt. Und dabei gibt es eine große Variationsbreite bei den Patienten, was nicht weiter verwundert, da wir ja bereits aus Kapitel 4 wissen, daß nicht jeder gleich hypnotisierbar ist. Überwiegt der erlebende Teil, so wird die Hypnose gut erfahren, überwiegt der beobachtende Teil, so bleibt die Hypnose flach. Während einer Hypnosesitzung können sich die beiden Teile auch abwechseln, so daß die Hypnose einmal als besonders tief, kurz darauf als weniger tief erfahren wird. Beide Teile können sich auch mit unterschiedlicher Gewichtung gleichzeitig bemerkbar machen: Während der Patient in Hypnose einerseits daran denkt, daß er gleich einen Bekannten anrufen muß, und sich der Gegenwart des Therapeuten deutlich bewußt ist, kann er andererseits gleichzeitig in der «inneren» Realität der Hypnose eine künftige Problemsituation erfolgreich bestehen und die entspannte Gelassenheit der Hypnose wohltuend erleben.

Wie wir gesehen haben, ist eine Hypnoseinduktion ein Vorgang, der über die Einengung der Aufmerksamkeit bei veränderter Körperwahrnehmung (in der Regel Entspannungsreaktionen) zum Erleben einer «inneren» Realität führt, die vom Hypnosetherapeuten durch die Aktivierung von Vorstellungsprozessen erzeugt wird. Die Erzeugung und Vertiefung einer Hypnose nimmt eine gewisse Zeit in Anspruch, die zwischen ein paar Minuten und anderthalb Stunden (etwa bei der Vorbereitung für eine Zahnextraktion) betragen kann. Wenn man mit einem Patienten arbeitet, kann mit der Zeit die Hypnoseeinleitung verkürzt werden. Die eigentliche therapeutische Arbeit in Hypnose wird eine Stunde nicht überschreiten. Die Naturvölker nehmen sich für ihre Trancesitzungen, die überwiegend zu spirituellen Erfahrungen dienen, sehr viel Zeit. So dauern zum Beispiel bei den Amahuaca-Indianern in der Amazonasregion die – mit einem Rauschmittel unterstützten – Trancesitzungen, in denen sie Kontakt zu den «yoshi», den Geistern, aufnehmen, ohne Unterbrechung zehn Stunden.

Zusammenfassung

Im ersten Kapitel haben wir die Veränderungen des Erlebens in Hypnose kennengelernt (eingeengte Aufmerksamkeit, veränderte Körperwahrnehmung, Zunahme der Vorstellungsaktivität). Die Einleitung einer Hypnose, die Hypnoseinduktion, die wir im vorliegenden siebten Kapitel behandelt haben, besteht aus den Maßnahmen, die genau zu diesen Veränderungen im Erleben führen.

Zur *Einengung der Aufmerksamkeit* gibt es unzählige Möglichkeiten, von denen wir die Fixierung eines Gegenstandes, die Konzentration auf die vorstellungsmäßige Erzeugung einer Körperbewegung («Magnetübung») sowie das vom Therapeuten gelenkte Erleben, daß unsere Aufmerksamkeit schon im Wachzustand eingeschränkt ist, beschrieben haben.

Die *Veränderung der Körperwahrnehmung* wird in der Regel durch Suggestionen von Schwere und Entspannung erzielt. Die suggerierten Wahrnehmungsänderungen können von spontan auftretenden verzerrten Wahrnehmungen von Gliedmaßen begleitet sein (verlängerte Arme etc.) ebenso wie von einer veränderten Zeitwahrnehmung und von Temperaturveränderungen.

Die wichtigste Maßnahme, um einen Patienten aus dem Alltag herauszulösen und mit ihm in einer «inneren», vom Therapeuten gestalteten Realität zu arbeiten, ist die *Aktivierung der Vorstellungstätigkeit*, die u. a. dadurch erzielt wird, daß der Therapeut dem Patienten eine Situation schildert, in deren Beschreibung Fragen eingestreut werden, die entsprechende Vorstellungen provozieren.

Zum Abschluß des Kapitels wurden die klassischen, standardmäßigen Hypnosemethoden den *modernen, indirekten Induktionsverfahren* gegenübergestellt, die – anders als bei der klassischen Vorgehensweise – auf den individuellen Patienten zugeschnitten sind.

Kapitel 8:

Wie wird Hypnose therapeutisch eingesetzt?

Wir wollen uns nun mit der *therapeutischen* Anwendung des hypnotischen Zustandes beschäftigen und uns zunächst einen Fall ansehen, in dem Hypnose zur Behandlung von chronischen Schmerzen verwendet wurde.

Eine untypische Hypnosebehandlung

Einer unserer Patienten litt seit über 40 Jahren an schweren Phantomschmerzen. Phantomschmerzen sind Schmerzen in einem nicht mehr vorhandenen Körperteil, der etwa amputiert wurde. Dieser Patient hatte sein linkes Bein während des Zweiten Weltkrieges in Rußland verloren. Bei einem Stoßtruppunternehmen wird er durch Granatsplitter schwer am linken Bein verletzt. Erst nach drei Wochen gelangt er von der Front in ein Lazarett, wo ihm das Bein amputiert werden muß. Schon kurze Zeit darauf treten Schmerzen in dem nicht mehr vorhandenen Fuß auf, die in den letzten zehn Jahren zum Teil unerträglich sind, insbesondere nachts. Es kann dann auch passieren, daß er vor Schmerz mit herumstehenden Sachen um sich wirft. Um die Schmerzen einigermaßen zu kontrollieren, nimmt er Neurocil, ein Neuroleptikum, das zwar seine Schmerzen dämpft, dafür aber seine geistige Beweglichkeit deutlich einschränkt. Die bisherigen Maßnahmen gegen seine Schmerzen reichen von Medikamenten über Akupressur, Akupunktur, Aufenthalte in Schmerzkliniken bis hin zur Implantation eines elektrischen Stimulationsgerätes an der Wirbelsäule, das wieder – da nutzlos – operativ entfernt wird. Auf die Frage, wie ihm sein amputiertes Bein in Träumen erscheine, antwortet er, daß er in den nunmehr 40 Jahren seit der Amputation seines Beines in allen seinen Träumen immer *zwei* gesunde Beine gehabt habe. Es scheint, als hätte eine unbewußte Instanz die Tatsache, daß das linke Bein amputiert wurde, nie akzeptieren können und als existiere das amputierte Bein auf einer unbewußten Ebene weiter – mit den damals durch die Verletzungen erlittenen Schmerzen.

Schon nach einer ersten Hypnose von nur etwa einer Viertelstunde Dauer läßt der Schmerz deutlich nach. An die erste Hypnose schließen sich zehn weitere Hypnosesitzungen von jeweils zwei Stunden Dauer an. Nach der dritten Sitzung kann der Patient das Neurocil absetzen, nach der zehnten Sitzung kann die Behandlung erfolgreich abgeschlossen werden. Kurz nach Beginn einer Hypnose fällt der Patient in eine tiefe Trance, in der er auf motorische Suggestionen (z. B. den Arm heben) nicht mehr anspricht und nur noch auf die Suggestion, wieder wach zu werden, reagiert. Zu Beginn der Hypnose spürt er noch etwas wie Energie von den Händen des Therapeuten ausgehen. An das, was im weiteren geschieht bzw. vom Therapeuten suggeriert wird, erinnert er sich nach der Rückführung aus der Hypnose nicht mehr.

So oder ähnlich mag man sich eine typische Hypnosebehandlung vorstellen: Ein sehr schwieriges, jahrzehntelang anhaltendes Problem, bei dem alle anderen Behandlungsversuche fehlgeschlagen sind, wird innerhalb kurzer Zeit mit Hypnose beseitigt, ohne daß der Patient – der sich nach der Hypnose an nichts mehr erinnern kann – weiß, wie dies geschehen ist.

Ein solcher Verlauf ist aber sicher nicht die Regel für eine Hypnosebehandlung. Der beschriebene Patient verfügte zwar über eine außergewöhnliche Fähigkeit, Hypnose erfahren zu können, und das Verhältnis zwischen Therapeut und Patient war von besonderem Vertrauen und von gegenseitiger Achtung gekennzeichnet. Aber das trifft auch auf viele andere Patienten zu, ohne daß der Behandlungsverlauf der gleiche wäre.

Bedeutung eines Symptoms

Wir haben schon darauf hingewiesen, daß der hypnotische Zustand allein noch keine Therapie darstellt. Die Vorstellung, dem Patienten in Hypnose suggerieren zu können, daß der Schmerz verschwindet, daß man nicht mehr depressiv oder voller Angst ist, daß der Krebs, die Hautallergie oder das Magengeschwür verschwindet, kurzum, daß der Hypnosetherapeut Krankheiten und Probleme einfach «weghypnotisiert» bzw. dem Patienten «richtiges Verhalten» (wie nicht mehr zu rauchen, weniger zu essen, keine Drogen mehr zu nehmen oder sicher aufzutreten) «einsuggeriert», treffen so nicht zu. Unter Umständen können derartige Suggestionen bei erfolgreicher Beseitigung des Symptoms (Schmerz, Eßsucht) dem Patienten mehr *schaden* als helfen. Bei dem folgenden Beispiel aus der Medizin liegt das offen auf der Hand: Angenommen, ein Patient klagt über Schmerzen in den Achselhöhlen, und ein Arzt behandelt den Schmerz, indem er dem Patienten Schmerztabletten gibt, die ihm auch tatsächlich den Schmerz nehmen. Der Patient könnte dann zufrieden sein, denn sein Problem ist beseitigt. Nehmen wir in unserem Beispiel an, daß die Schmerzen auf eine Krebsart zurückgehen, die sich u. a. durch schmerzhafte Schwellung der Lymphknoten in den Achselhöhlen bemerkbar macht. Bei einem derartigen Krebs bestehen recht günstige Heilungschancen, die aber nicht wahrgenommen werden können, wenn das Schmerzsignal, das auf ihn aufmerksam macht, fehlt. In unserem Beispiel ist also gar nicht der Schmerz das Problem, sondern er macht auf das wirkliche Problem, den Krebs, aufmerksam. Da aber der Schmerz, nachdem er «erfolgreich» beseitigt wurde, als Signal für diese Erkrankung ausfällt, kann sich der Krebs unbemerkt und unbehandelt weiter im Körper des Patienten ausbreiten und zu dessen Tod führen. Das wäre vermeidbar gewesen, wenn das Schmerzsignal richtig verstanden worden wäre.

Nun war das ein unrealistisches Beispiel, denn der Arzt wird natürlich als erstes nach der Ursache für die Schmerzen suchen und die Untersuchungen fortführen, bis er ein klares Bild von der Ursache der Schmerzen hat. Und genauso geht man auch in der Hypnosetherapie vor. Auch hier bemüht sich der Therapeut als erstes darum, die

Bedeutung eines Symptoms – wie Schmerzen, Eßsucht etc. – zu verstehen. Denn die richtige Therapie kann man erst dann auswählen und erfolgreich durchführen, wenn das Symptom bzw. das Problem des Patienten richtig verstanden bzw. diagnostisch abgeklärt ist. Unter Umständen kann sich dann nach eingehender Abklärung eines Symptoms sogar herausstellen, daß eine Hypnosetherapie gar nicht angebracht ist. So im Falle einer Patientin, die seit über einem Jahrzehnt unter schweren Migräneanfällen litt und wegen einer Hypnosebehandlung zu uns kam. Die Migräneanfälle traten immer nur an den Wochenenden auf und wurden häufig so unerträglich, daß der Notarzt gerufen werden mußte. Die Vorgespräche ergaben, daß der Mann der Patientin in der Regel nur an den Wochenenden nach Hause kam und während der Woche beruflich unterwegs war. Weiterhin erfuhren wir, daß der Ehemann an den Wochenenden regelmäßig seine Mutter besuchen ging und sich mehr Zeit für Sportsendungen bzw. für seine Kinder nahm als für seine Frau. Allerdings machte seine Frau ihm ihre Enttäuschung in einer Weise deutlich, die ihm einen engeren Kontakt zur ihr nicht wünschenswert erscheinen ließ. Die Wochenenden verliefen seit vielen Jahren nach dem gleichen Muster, und das eingeschliffene Verhalten der Ehepartner hatte beide immer mehr voneinander entfernt; auch im intimen Bereich hatten die Eheleute seit über einem Jahrzehnt nicht mehr zueinandergefunden. Das demütigende Gefühl, als Frau wertlos zu sein, und das Verharren in einer ohnmächtigen Hilflosigkeit gegenüber dem immer wiederkehrenden Wochenendritual führte an den Wochenenden zu starken Erregungszuständen, die für die Migräneanfälle verantwortlich waren. Die Schmerzen waren hier nur ein Signal für ein anderes Problem, nämlich die gestörte Beziehung zwischen den Eheleuten. Deswegen behandelten wir die Patientin nicht primär mit Hypnose, sondern wählten eine familientherapeutische Vorgehensweise, bei der beide Partner anwesend sein mußten. Dabei zeigte sich, daß die Befürchtung der Patientin, ihr Mann wolle sie verlassen, unbegründet war und daß nach Beseitigung der über Jahre aufgebauten «Barrikaden» immer noch eine gefühlsmäßige Bindung zwischen beiden vorhanden war. – Dieses Beispiel zeigt, wie wichtig es ist, ein eingehendes Vorgespräch mit dem Patienten zu führen, wofür wir uns viel Zeit nehmen.

Die Kombination von Hypnose und Therapie

Wir haben bis jetzt einen untypischen Fall für eine Hypnosetherapie kennengelernt sowie den Fall, in dem eine familientherapeutische Behandlung im Vordergrund stand. Wie sieht denn nun eine typische Hypnosebehandlung aus?

Die drei Ebenen einer Erkrankung

Hypnose wird therapeutisch eingesetzt bei den sogenannten psychosomatischen Krankheiten wie bestimmten Formen von Magengeschwüren, Migräne, Herz-Kreislauf-Problemen etc., aber auch bei Problemfällen aus der Psychotherapie wie bei Ängsten, Depressionen und Zwängen. Die Symptome dieser Erkrankungen treten auf drei Ebenen in Erscheinung, und zwar auf der körperlichen, der subjektiven (gedanklichen, gefühlsmäßigen) und der Ebene des Verhaltens. Die Behandlung einer Erkrankung sollte daher auch auf allen drei Ebenen erfolgen. Was damit gemeint ist, wollen wir an folgendem Beispiel verdeutlichen:

Eine Patientin klagte über sporadisch auftretende Anfälle von Atemnot, die zum Teil so schwer waren, daß sie manchmal das Gefühl hatte, «langsam zu ersticken». Im Vorgespräch berichtete sie über weitere körperliche Beschwerden, die sie aber als nicht so schwerwiegend ansah, da sie diese medikamentös im Griff hatte. Gegen den Bluthochdruck nahm sie blutdrucksenkende Mittel, die Obstipation behandelte sie mit stuhlgangfördernden Präparaten. Darüber hinaus klagte sie auch über einen Magendruck, der hin und wieder auftrat; der Magen wäre dann ganz hart. Weiterhin war sie der Ansicht, daß sie vor der Partnerschaft so gut wie nie erkältet gewesen wäre, während sie nun häufiger wegen Infektionen bettlägerig sei.

Die Patientin lebte seit über einem Jahrzehnt mit ihrem Freund zusammen, der sie häufig kritisierte und zutiefst demütigte, manchmal auch schlug. In dieser Zeit verlor sie ihr Selbstvertrauen, entwickelte Angstgefühle und wurde von depressiven Verstimmungen heimgesucht. In der gedanklichen Auseinandersetzung mit ihrer Situation tauchten oft Gedanken auf wie: «Ich kann mich nicht wehren, ich bin so schwach. Ich bin nichts wert. Das Leben ist sinnlos. Hoffentlich schickt er mich nicht fort.» Zu Beginn der Beziehung versuchte sie noch, sich gegen den Partner zu wehren, auch in der Hoffnung, daß die Unstimmigkeiten nur vorübergehend wären. Mit der Zeit ließ sie sich nicht mehr auf eine Auseinandersetzung ein, sondern zog sich zurück. Mit anderen Menschen wollte sie über ihre Situation nicht sprechen. Unternehmungen auf eigene Faust wurden zusehends seltener und hörten dann völlig auf.

In den Gesprächen mit der Patientin sowie anhand eines Selbstbeobachtungsbogens wurde deutlich, daß ein Zusammenhang zwischen der Atemnot bzw. dem Magendruck und den Demütigungen bestand. Wurde die Patientin von ihrem Partner angeschrien und ungerechtfertigt kritisiert, so trat danach häufig ein schwerer Anfall von Atemnot auf.

Fassen wir die drei Ebenen der Erkrankung noch einmal in der folgenden Tabelle zusammen:

Lebenssituation

Häufige Demütigungen, Kritik durch den Partner

Folgen

Subjektiv (gedanklich, gefühlsmäßig): «Ich sollte mich wehren, aber ich bin zu schwach; ich bin nichts wert; ich habe keine Kraft mehr, um auf eigenen Füßen zu stehen; ich kann froh sein, wenn ich bleiben darf.» Angstgefühle; depressive Verstimmungen.

Verhalten: Zunehmende Isolation; geht nicht allein aus, sondern wartet zu Hause auf den Partner. Bei Auseinandersetzungen zieht sie sich immer mehr zurück und geht diesen dann ganz aus dem Weg.

Körperlich: Atemnot, muskuläre Verkrampfungen (Darm, Magen), Bluthochdruck, Obstipation, häufige Infektionskrankheiten.

Diese drei Ebenen des Problems der Patientin sind natürlich nicht unabhängig voneinander, sondern beeinflussen sich und können sich sozusagen «gegenseitig hochschaukeln»: Ihre Gedanken über die trostlose Zukunft («Ich muß raus hier, aber ich schaffe es nicht») verstärken die körperlichen Symptome (Atemnot, Blutdruck); wegen der Verstärkung der körperlichen Symptome fühlt sie sich noch schwächer, um sich aus der Situation zu befreien bzw. eine Auseinandersetzung mit dem Freund zu bestehen. Dadurch erscheint ihr ihre Lage noch hoffnungsloser, und die entsprechenden Gedanken wirken sich wiederum negativ auf die körperliche Ebene aus (Kreislauf, Atemnot etc.).

Und hier kommt noch eine vierte Ebene hinzu, nämlich der Einfluß der Erkrankung eines Patienten auf das soziale System, in dem er lebt (Familie, Arbeitskollegen; in diesem Fall die Beziehung zum Partner): Da sich die Patientin dem Partner entzieht und er unzufrieden mit ihrem Verhalten ist, versucht er sie auf eine unangemessene Weise, nämlich aggressiv mit demütigenden Bemerkungen, aus der Reserve zu locken, was wiederum eine negative Rückwirkung auf alle Ebenen der Erkrankung der Patientin hat.

Die Patientin kommt mit der Bitte, ihre Atemnot hypnotherapeutisch zu beseitigen (körperliche Ebene). Sie hätte auch in Behandlung kommen können, um ihre depressiven Verstimmungen oder Ängste behandeln zu lassen (subjektive Ebene), weil sie sich nicht mehr zutraut, etwas allein zu unternehmen (Verhaltensebene), oder weil sie partnerschaftliche Probleme hat (Ebene des sozialen Systems). Sie wählt aber aus ihrer schwierigen Lebenssituation das belastende Moment aus, was besonders bedrohlich wirkt und worüber man zu einem Fremden – denn das ist der Therapeut noch zu Beginn – auch leichter sprechen kann. Denn die Behandlung der ebenfalls bedrohlichen Existenzangst, der partnerschaftlichen Probleme oder der depressiven Verstimmungen ist für den Patienten weitaus problematischer, weil sie mit nicht voraussehbaren Konsequenzen verbunden ist, anders als die Behandlung eines eng umgrenzten «medizinischen» Problems wie der Atemnot.

Aufgrund der vom Therapeuten erkannten Zusammenhänge konnte es nicht das alleinige Ziel sein, nur die Atemnot zu behandeln. Eine alleinige Therapie der Atemnot wäre genausowenig wirksam gewesen wie die medikamentöse Behandlung des Bluthochdrucks bzw. der Obstipation. Die Medikamente senken zwar den Blutdruck bzw. ermöglichen eine geregelte Verdauung – aber nur, wenn das Medikament immer wieder eingenommen wird. Die Ursachen werden allerdings durch die Medikamente nicht behandelt. Um die Ursachen für die Atemnot und die anderen körperlichen Beschwerden zu beseitigen, braucht es ein anderes Verhalten der Patientin ihrem Partner gegenüber. Dieses ist nur möglich, wenn sie aus ihrer Isolation und Abhängigkeit herausfindet, ihre körperliche Verfassung verbessert und mehr Selbstvertrauen gewinnt. Die Entscheidung, welchen Weg sie wählen soll, kann ihr von therapeutischer Seite nicht abgenommen werden. Die Patientin entscheidet sich für eine Auflösung der Beziehung. Die hypnotherapeutische Behandlung umfaßt die oben beschriebenen drei Ebenen ihrer Erkrankung.

Die drei Ebenen der Therapie

Die körperliche Ebene

Wir haben im ersten Kapitel erfahren, daß in Hypnose körperliche Reaktionen wie muskuläre Entspannung und Blutdrucksenkung (siehe Abbildung 1 im ersten Kapitel) auftreten, Reaktionen, die typisch für eine körperliche Erholungsphase sind. Diese Reaktionen sind genau das Gegenteil von den körperlichen Reaktionen, die bei Belastungen zu beobachten sind, wie höherer Blutdruck und muskuläre Verkrampfung. Die körperlichen Beschwerden der Patientin (Verkrampfung der Muskulatur des Atemapparates sowie des Verdauungssystems, Bluthochdruck) sind offensichtlich solche Reaktionen auf eine dauernd belastende Lebenssituation. Der erste Schritt ist denn auch, diese Belastungsreaktionen zu verändern, indem eine tiefgehende Entspannung in Hypnose erzeugt wird. Für Patienten, die einen Zustand von tiefer Ruhe und Entspannung seit langer Zeit nicht mehr erfahren haben, kann schon diese erste Behandlungsphase zu einem hoffnungstiftenden Erlebnis werden, weil sie erleben, wie sich ihre bedrohliche Situation – wenn auch zunächst nur für kurze Zeit – grundlegend ändern kann.

Die Patientin kann eine tiefe Entspannung in Hypnose gut erfahren, aber das nützt ihr nichts in der Situation, in der sie die Entspannung eigentlich braucht, nämlich dann, wenn ihr Partner sie kritisiert, wenn Gedanken über ihre Situation sie quälen, wenn die Angst vor der Zukunft sie überfällt. Um die körperlichen Reaktionen in diesen Situationen zu kontrollieren, muß sie in der Lage sein, die Entspannungsreaktion selbst und kurzfristig, innerhalb von Sekunden, zu erzeugen. Die Fähigkeit, den Körper schnell zu entspannen, soll ihr als eine Art «Schild» gegen die körperlichen Erregungszustände dienen, die als Reaktion auf negative Gedanken und Demütigungen zu Verkrampfungen und erhöhter Kreislauftätigkeit führen. Diese Schnellentspannung lernt die Patientin in drei Phasen: Zunächst werden alle Muskelpartien des Körpers nacheinander angespannt, und darauf wird die natürlich auftretende Entspannungsreaktion erlebt. (Dies ist die sogenannte Jacobson-Entspannungsmethode.) Danach wird der gesamte Körper angespannt und entspannt. Schließlich lernt die Patientin die Entspannungsreaktion über ihren Atem zu kontrollieren, ohne daß das ein Beobachter sehen könnte: Sie atmet ein, hält kurz den Atem an und läßt sich beim Ausatmen in die Entspannung gleiten, die sie zuvor in der Hypnose und dann durch die aktiven Übungen selbst zu erzeugen gelernt hat. In dieser Phase wird auch die Entwicklung eines «Stärkegefühls» eingeübt. In Hypnose werden Situationen «durchgespielt», in denen sich die Patientin normalerweise verkrampft und auf die sie nun, in der Trance, mit Entspannung und einem Stärkegefühl reagieren soll. Wenn sie etwa nachts mit negativen Gedanken wach im Bett liegt, soll sie die beginnende Verkrampfung mit der Schnellentspannung bekämpfen.

Das Erlernen der Schnellentspannung geht nicht in einer Sitzung und muß durch «Hausaufgaben» unterstützt werden. Die Patientin berichtet aber schon zwei Wochen nach der ersten Sitzung, daß die jahrelang bestehende Obstipation verschwunden sei und sie keine verdauungsfördernden Mittel mehr nehmen müsse. Außerdem sei es ihr einmal gelungen, sich gegenüber ihrem Partner durchzusetzen.

Nach der Entscheidung, sich von ihrem Partner zu lösen, traten bei der Patientin Angst und depressive Zustände auf, die zum einen mit der ungewissen Zukunft («Wie soll ich Arbeit finden? Werde ich nicht einsam bleiben? Bin ich nicht zu schwach, um die Zukunft zu meistern?») und zum anderen mit Schuldgefühlen ihrem Partner gegenüber zu tun hatten.

Für einen objektiven Beobachter der Patientin waren ihre Befürchtungen unverständlich. Sie war früher außerordentlich erfolgreich in ihrem Beruf gewesen und verfügte über ausgezeichnete Referenzen. Ihre attraktive, kultivierte Erscheinung, zusammen mit ihrer Intelligenz und lebendigen, humorvollen Art, die sich auch im therapeutischen Gespräch zeigte, machte es unwahrscheinlich, daß sie einsam blieb – sofern sie nicht ganz zurückgezogen leben würde. Auch die dem Partner gegenüber empfundene Schuld war – zunächst – unverständlich, da sie allen Grund hatte, sich aus der Verbindung zu lösen und sich dabei erleichtert zu fühlen.

Um der Patientin die Angst vor der Zukunft zu nehmen und die depressiven Verstimmungen zu beseitigen, mußte das negative Selbstbild der Patientin («Ich bin zu schwach für einen Neuanfang. Ich bin schuldig. Ich werde keine Arbeit und keine neuen Freunde finden») in ein positives umgewandelt werden. Denn mit der mutlosen Einstellung, sowieso zu scheitern, läßt sich ein Neuanfang nicht bewerkstelligen. Nun kann man im Gespräch versuchen, dem Patienten Mut zu machen. Dabei kann es passieren, daß der Patient zwar einsieht, was der Therapeut sagt, aber es fehlt die rechte, gefühlsmäßige Überzeugung. Oder es geschieht, daß der Therapeut mit dem Patienten in ein Argumentieren hineingerät, das die Therapie in der Regel nicht fördert. Der Therapeut sagt: «Sie werden es schaffen, weil...» Der Patient entgegnet: «Nein, ich werde es nicht schaffen, weil...» Hier erfüllt die moderne Form der Hypnosetherapie eine wichtige Aufgabe. Anstelle von «blutleeren» Argumenten, die der Patient zwar rational versteht, die ihn aber in seiner Mutlosigkeit und seinen Selbstzweifeln belassen, verläßt die Hypnose die rationale Ebene und geht mit dem Patienten auf die Ebene des Erlebens und Fühlens. In der Hypnose soll der Patient *nicht einsehen*, daß es richtig wäre, etwas Bestimmtes zu tun, sondern er soll die Zuversicht und die Kraft *erleben*, während er diese Aufgabe – in der «inneren», vom Therapeuten gestalteten Realität der Hypnose – durchführt. Findet der Therapeut den richtigen «Schlüssel», um dem Patienten die Tür für ein solches Erleben zu öffnen, kann man beobachten, daß der Patient unmittelbar nach der Sitzung genau das tut, wovor er lange zurückgeschreckt ist.

Bezüglich der Angst der Patientin, im Beruf zu versagen, wurde sie in Hypnose in die Zeit zurückgeführt, als sie sehr erfolgreich in ihrem Beruf tätig war. Und dabei sah sie in ihrem Vorstellungsraum nicht nur ihren Arbeitsplatz bzw. die Kollegen von damals, sondern erlebte auch die Gefühle von damals, die sie lange nicht gefühlt hatte, nämlich Zuversicht, Kraft und Freude an einer Aufgabe. Und das war nicht eine eingebildete oder künstlich suggerierte Zuversicht, sondern ihre eigene, die zwar seit langem «verschüttet», aber immer noch vorhanden war. Damals wußte sie, daß sie die ihr gestellten Aufgaben bewältigen konnte. Um dieses echte Gefühl von Kraft und Zuversicht mit der augenblicklichen Situation zu verknüpfen, suggeriert man dem Patienten, daß die Vorstellungen von damals verschwinden, aber die entsprechenden Gefühle von Freude oder Kraft noch empfunden werden. Dann läßt der Therapeut den Patienten die neuen Problemsituationen in Verbindung mit den in Hypnose erzeugten Gefühlen von Zuversicht und Kraft erleben. Und der Patient spürt: Diese Zuversicht und der Mut, die mir abhanden gekommen sind, habe ich ja in mir, hier und jetzt, ich spüre es, und ich weiß, daß ich es schaffen werde, auch wenn es zunächst nicht so einfach sein wird. Als die Patientin es wagte, sich an mehreren Orten zu bewerben, war sie erstaunt, daß sie sofort unter einigen Angeboten wählen konnte, und entschied sich schließlich für eine Stelle. Dieser Erfolg bedeutete für sie einen großen Zuwachs an Selbstvertrauen.

Um die Befürchtung der Patientin zu beseitigen, sie könne nur schwer eine Zuneigung zu anderen Menschen entwickeln oder sich anderen anschließen, wurde ein ähnliches Vorgehen gewählt, u. a. das Erleben der ersten Liebe in Hypnose, was ihr zeigte, daß der befürchtete Verlust der Fähigkeit, tiefe, positive Gefühle zu empfinden, nicht eingetreten war. Daß ihre Angst, ohne Kontakte zu anderen Menschen zu bleiben, unbegründet war, zeigte sich während eines Urlaubs, den sie ohne den Partner verlebte. Hier erfuhr sie, wie man sich um sie bemühte, ja sie geradezu hofierte. Auch diese Erfahrung verstärkte ihr Selbstvertrauen und half ihr weiter auf dem Weg in die Unabhängigkeit.

Mit dem gleichen Vorgehen ließen wir die Patientin bestimmte Kindheitserlebnisse in Hypnose wiedererleben, und durch Verwendung von Bildern und Gleichnissen wurde der Patientin «von alleine» klar, daß es sich bei der Schuld, die sie ihrem Partner gegenüber empfand, um eine «alte», in der Kindheit «erlernte» Schuld handelte. Dies ermöglichte ihr im Verlaufe der Lösung von ihrem Partner eine realistischere Haltung ihren Schuldgefühlen gegenüber.

Die Verhaltensebene

Jeder Mensch lebt in einer Situation, die den Rahmen für sein Leben und seine Entfaltungsmöglichkeiten bildet (Arbeitsplatz, finanzielle Möglichkeiten, Menschen, mit denen er zu tun hat, etc.), kurzum, er lebt in einem «System», das Einfluß auf ihn ausübt und das auch er mehr oder minder beeinflußt. Mit Veränderungen auf der Verhaltensebene sind deshalb nicht nur neue Verhaltensweisen gemeint (wie selbstbewußt auf andere Menschen zugehen, Gefühle von Ärger offen ausdrücken), sondern auch konkrete Veränderungen in den Lebensumständen, die den Patienten krank machen. Auf die sogenannte systemische Betrachtungsweise einer Erkrankung können wir aber nur hinweisen und wollen lediglich auf die Rolle der Hypnose bei der Änderung des Verhaltens eingehen.

Ein Weg, um das Verhalten eines Patienten positiv zu ändern, besteht darin, ihn dieses Verhalten üben zu lassen. Dazu ordnet der Therapeut, in Absprache mit dem Patienten, die zu übenden Verhaltensweisen (mit aufsteigendem Schwierigkeitsgrad) an. Der Patient beginnt zunächst mit der leichtesten Aufgabe, und sobald er das neue Verhalten beherrscht, übt er die nächst schwierigere Aufgabe. So wird der Therapeut einem Patienten, der Angst davor hat, alleine auszugehen, nicht gleich zumuten, daß er jeden Abend zum Tanzen geht. Vielmehr wird er zunächst eine einfache Aufgabe durchführen lassen, zum Beispiel einen halbstündigen Kaffeehausbesuch, um in der folgenden Aufgabe dann die Schwierigkeit zu steigern. Hypnose wird bei diesem Vorgehen verwendet, um in der «inneren» Realität des hypnotischen Zustandes die neuen Verhaltensweisen einzuüben, bevor der Patient dieses Verhalten dann in der echten Situation ausführt.

Bei der Patientin war eine solche systematische Vorgehensweise nicht notwendig, da sie ihr Verhalten von allein änderte (z. B. einmal nicht nachgeben; etwas alleine unternehmen; sich bei einer neuen Arbeitsstelle vorstellen), ohne daß es in der Therapie vorbereitet worden wäre. Die Selbstbildänderungen und die Besserung der körperlichen Symptome gaben ihr die Kraft, auf dieser Ebene ohne große therapeutische Hilfe Veränderungen herbeizuführen.

Die beschriebene Therapie begann mit der Klage über Atemnot. Anstelle von direkten hypnotischen Suggestionen wie «Sie können wieder frei atmen», die sinnlos gewesen wären, trat eine wesentlich komplexere Therapie, die das Ziel hatte, die *Ursache* für die Atemnot zu beseitigen, und sich nicht mit einer vorübergehenden, «kosmetischen» Besserung des Symptoms zufriedengab. Letztlich bestand die Therapie darin, der Patientin – neben der Kontrolle über die körperliche Ebene – das Selbstwertgefühl zurückzugeben, wobei Hypnose die in der Patientin vorhandenen positiven Fähigkeiten und Gefühle mobilisierte. Ihre Verhaltensänderungen ergaben sich dann von alleine. Heute hat die Patientin eine eigene Wohnung, arbeitet wieder, hat einen eigenen Bekanntenkreis und benötigt keine Medikamente mehr. Auch der Blutdruck, gegen den sie über viele Jahre hinweg täglich Medikamente einnehmen mußte, hat sich normalisiert. Sie fühlt sich nun ihrem Partner gegenüber gleichwertig, der sie im übrigen jetzt zuvorkommend behandelt.

Jede Therapie verläuft anders, genauso wie jeder Mensch anders ist. Die vorgestellte Therapie sollte den therapeutischen Rahmen darstellen, in dem Hypnose eingesetzt wird, aber kein Beispiel für *die* Hypnosetherapie sein. So kann bei einer anderen Therapie eine der drei Ebenen wichtiger sein als die andere oder im Verlauf der Therapie zunächst die Verhaltensebene in den Vordergrund treten und dann die subjektive. Auch die verschiedenen hypnotherapeutischen Verfahren zur Änderung von Einstellungen und Selbstbild konnten nicht dargestellt werden. Was der Leser aber erfahren haben sollte, ist das folgende:

Hypnosetherapie besteht nicht in der Erzeugung eines hypnotischen Zustandes und dem hypnotischen Befehl, daß die Krankheit oder die Angst etc. verschwinden soll. Wie in der psychosomatischen Medizin bzw. der Psychotherapie üblich, muß auch in der Hypnosetherapie der psychologische Hintergrund einer Erkrankung oder eines Leidens erst abgeklärt werden. Die sich anschließende Therapie ist eine psychosomatische Therapie bzw. eine Psychotherapie *mit Hypnose*. Auch wenn es seit einiger Zeit wichtige therapeutische Ansätze gibt, die aus der hypnotherapeutischen Bewegung selbst kommen, geht man heute davon aus, daß es *die* Hypnosetherapie nicht gibt. Hypnose wird kombiniert mit anderen bekannten Therapieformen wie Psychoanalyse, Verhaltenstherapie und Gesprächspsychotherapie. Auch unser therapeutisches Vorgehen, das die drei Ebenen einer Erkrankung berücksichtigt, stellt eine Verbindung dar, und zwar die Kombination von Hypnose mit einem in den USA entwickelten Therapiekonzept, der sogenannten *stress inoculation*. Nachdem wir nun einen Eindruck von der therapeutischen Arbeit mit Hypnose bekommen haben, wollen wir uns ansehen, bei welchen Krankheiten Hypnose hilft.

Bei welchen Krankheiten/Problemen hilft Hypnose?

Erkrankungen und Probleme, die mit Hypnose behandelt werden, sind u. a. Ängste, Phobien und Depressionen, akute und chronische Schmerzen, immunologische Probleme wie Hautkrankheiten (z. B. Neurodermitis, Psoriasis, Warzen) oder Krebs, Süchte (Rauchen, Essen), sexuelle Probleme (Frigidität, Impotenz) und die klassischen psychosomatischen Beschwerden (wie Probleme des Herz-Kreislauf-Systems, Magengeschwüre etc.), aber auch Schlafstörungen und zahnmedizinische Probleme.

Herz-Kreislauf-Probleme, Magengeschwüre etc. sind als Stressfolgen bekannt, die man nicht nur in Zusammenhang mit einem schwerwiegenden psychischen Problem kennt, sondern auch als Begleiterscheinung von «alltäglichen» Belastungen wie Hektik am Arbeitsplatz. Daß Trancezustände zur Bewältigung von «Alltags-Stress» eine lange Tradition haben, zeigt ein Blick in die Anthropologie. In einer umfassenden Untersuchung der Trancegebräuche bei 488 Kulturen (wie bei den Indianern Nord- und Südamerikas, den Eingeborenenstämmen Afrikas) zeigte sich, daß die Teilnahme an den Tranceritualen insbesondere den Personen vorbehalten ist, die einer besonderen Belastung unterliegen (den meisten Stress haben). Bei den *Jägern und Sammlern* nehmen vorwiegend die Männer an den Tranceritualen teil, auf deren Schultern auch die Hauptlast für die Ernährung der Familienmitglieder ruht. In den Kulturen, in denen *Ackerbau und Viehzucht* vorherrschen, unterliegen die Frauen einer größeren Belastung. Und in diesen Kulturen nehmen überwiegend Frauen an den Tranceritualen teil.

Kommen wir zur ursprünglichen Frage nach den Krankheiten, bei denen Hypnose hilft, zurück. Was wir bisher aufgezählt haben, waren *Krankheitsarten*. Eine Aufzählung der einzelnen *Krankheiten* würde sicher mehr als nur eine Seite dieses Buches füllen. Wir wollen es aber bei der bereits gegebenen Aufzählung bewenden lassen, denn eine weitere Aufschlüsselung würde zwar den Anwendungsbereich der Hypnosetherapie näher erläutern, aber zum Verständnis der *therapeutischen Wirkungsweise* der Hypnose nicht viel beitragen. Deswegen wollen wir im folgenden kurz darstellen, auf welche Weise welche Krankheiten mit Hypnose bekämpft werden.

Die therapeutische Wirkungsweise der Hypnose

Wirkung über das sympathische Nervensystem

Bei allen großen Funktionskreisen des Organismus (Herz-Kreislauf, Magen-Darm) können lang andauernde Belastungen über einen chronisch hohen Erregungszustand des sympathischen Nervensystems zu krankhaften Veränderungen (Bluthochdruck, Magengeschwür) führen. Mit sympathischem Nervensystem ist ein Teil des Nervensystems gemeint, der körperliche Vorgänge wie Atmung, Herzschlag, Verdauung und so fort regelt und der mit dem Willen nur schwer zu beeinflussen ist. Hypnose wirkt bei diesen Erkrankungen – wie schon beschrieben – über die körperlichen Reaktionen, die durch Senkung des sympathischen Erregungsniveaus in der Hypnose auftreten (und dies sind – wie wir aus Kapitel 1 wissen – die «Erholungsreaktionen» des Körpers).

Wir erleben es oft, daß dabei die Wirkung von Hypnose rasch eintritt: Unmittelbar nach einer Hypnose können Herzstiche und Druckgefühle im Bereich des Herzens, Ohrensausen, Schwindel, «rote Flecken» an Hals und im Gesicht, Verkrampfungen und Spannungskopfschmerzen verschwinden. Natürlich gibt es auch körperliche Symptome, bei denen nicht unmittelbar nach der ersten Hypnose schon eine Besserung zu beobachten ist. So etwa bei einer Patientin mit psychosomatischen Darmblutungen, die erst nach einigen Sitzungen, unter Einbeziehung der Ursachen im partnerschaftlichen Bereich, auf unsere Behandlung ansprach.

Die schnellen positiven Änderungen nach Hypnose bleiben aber nur vorübergehend, wenn nicht auch die subjektive und die Verhaltensebene angegangen werden, wie der folgende Fall zeigt. Es handelt sich um einen Patienten mit Drehschwindelanfällen, die etwa eine halbe Stunde andauerten und ihn jeden Tag bis zu sechsmal befallen konnten. Er war dann nicht in der Lage, seiner Arbeit nachzugehen oder sich mit anderen zu unterhalten, was im Laufe der Zeit zu einer sozialen Isolation führte (er vereinsamte zusehends); zum Schluß hatte er nur noch einen Freund. Mit Hypnose und der vom Patienten gut beherrschten Selbstentspannung konnte zwar eine schnelle Erleichterung erzielt werden, ein dauerhaftes Verschwinden der Anfälle, die seit mehreren Jahren jeden Tag aufgetreten waren, brachte aber nur die Einbeziehung der subjektiven und der Verhaltensebene. Auf diesen beiden Ebenen wurden die wesentlichen Ursachen der Anfälle (Unsicherheit in bestimmten Situationen, bestimmte negative Gedankengänge) behandelt. (Ohrengeräusche blieben allerdings nach Abschluß der Behandlung noch bestehen.)

Wie dieses Beispiel wieder zeigt, wird auch bei Erkankungen, bei denen das körperliche Symptom (Drehschwindel) im Vordergrund steht, nicht nur die körperliche Ebene (Entspannung) einbezogen. Durch Behandlung der Unsicherheit und Beseitigung «eingeschliffener» negativer Gedankengänge soll das Auftreten von Erregungszuständen verhindert werden, die das Symptom auslösen. Das heißt aber, daß auch bei Einbeziehung der subjektiven und der Verhaltensebene der Erregungszustand des sympathischen Nervensystems die primäre therapeutische «Angriffsfläche» bleibt.

Wirkung über das Immunsystem

Es ist immer wieder berichtet worden, daß Hypnose besonders zur Behandlung von Hautkrankheiten und Allergien geeignet sei. Aber erst in jüngster Zeit ist man dem Mechanismus der therapeutischen Wirkung von Hypnose bei diesen Krankheiten auf die Spur gekommen. Wie wir aus Kapitel 1 wissen, senkt Hypnose den Spiegel der Stresshormone (Katecholamine, Glukokortikoide wie Kortisol). Diese Hormone haben einen Einfluß auf die weißen Blutkörperchen, die wichtige Bestandteile der Immunabwehr darstellen. Weiße Blutkörprchen sind beteiligt an allergischen Reaktionen bzw. den Symptomen von Hautkrankheiten (Schwellung, Rötung), und zwar durch Einfluß auf die entsprechenden Entzündungsverläufe. Wie wir an der Universität Konstanz fanden, hat Hypnose einen Einfluß auf die Zahl der weißen Blutkörperchen (so nehmen T- und B-Zellen etwa zwei Stunden nach Hypnose zu, während andere weiße Blutkörperchen abnehmen). In derselben Untersuchung fanden wir, daß die Veränderung in der Zahl der weißen Blutkörperchen von einer Abnahme allergischer Reaktionen begleitet war. Sie waren zuvor mit einem «Allergiestempel», wie ihn auch der Hautarzt benutzt, hervorgerufen worden. Dieses Ergebnis legt nahe, daß Hypnose über die Senkung der Stresshormone und damit über die weißen Blutkörperchen einen Einfluß auf die von den weißen Blutkörperchen beeinflußten allergischen Reaktionen ausübt.

Wie Hypnose zur Behandlung von allergischen Reaktionen eingesetzt wird, wollen wir an folgendem Fallbeispiel verdeutlichen, in dem Sie den bekannten therapeutischen Rahmen wiedererkennen werden: Ein 18jähriger Schüler, der seit früher Kindheit mit Hautproblemen zu tun hatte, kommt zur Behandlung einer schweren Neurodermitis zu uns, leidet aber auch unter Heuschnupfen, insbesondere bei Pollenflug, Asthma und anderen allergischen Reaktionen, weswegen er auch auf den Genuß von tierischem Eiweiß vollkommen verzichten muß; das heißt, Schokolade, Milch, Fleisch,

Kuchen etc. sind für ihn tabu. Seine Haut ist an den betroffenen Stellen (besonders an den Ellenbogen, am Hals und in den Kniekehlen) stets leicht gerötet. Wenn er ins Schwitzen gerät und nach nervlicher Anspannung reagiert die Haut sehr schnell und heftig mit starker Rötung und Temperaturanstieg, was von starkem, oft unbezwingbarem Juckreiz begleitet ist. Die medikamentöse Behandlung mit Kortisolsalbe kann zwar das Symptom lindern, aber nicht dauerhaft beseitigen. Durch die häufige Verwendung der Salbe ist die Haut an den behandelten Flächen schon hauchdünn geworden. In den letzten Jahren fährt er jedes Jahr an die Nordsee zur Kur.

In den Gesprächen werden die kritischen Situationen herausgearbeitet, auf die der Patient mit Nervosität und Erregung reagiert (zum Beispiel bei Mathematikarbeiten in der Schule, in häuslichen Situationen etc.). Die Therapie wurde im wesentlichen auf der körperlichen und der Verhaltensebene durchgeführt. Der Patient lernte zunächst Entspannung in Hypnose kennen und dann die Schnellentspannung zu beherrschen. In Hypnose wurden dann die kritischen Situationen durchlebt, aber nicht in der gewohnten Weise, indem er mit Nervosität reagierte, sondern indem er auf diese Situationen in der Trance mit körperlicher Schnellentspannung oder mit entspannenden Vorstellungen reagierte. Diese Vorstellungen (z. B. Segeln auf dem Bodensee) waren zuvor mit ihm abgesprochen und eingeübt worden. Die in jeder der zwölf Therapiesitzungen durchgeführten Hypnosen wurden vom Patienten zu Hause durch tägliche Selbsthypnosen von etwa halbstündiger Dauer sowie durch mehrfache, über den Tag verteilte Schnellentspannungen ergänzt.

Nach Abschluß der Therapie ist die Rötung auf der Haut verschwunden. Von den sechs verschiedenen Medikamenten, die er über mehrere Jahre einnahm, kann er zu diesem Zeitpunkt vier völlig absetzen. Nach anderthalb Jahren berichtet uns der Patient, daß er keine Medikamente mehr benötigt, in den Ferien in einer Gärtnerei arbeitet (während der Zeit des Pollenflugs!) und sogar tierisches Eiweiß (Käse) zu sich genommen hat, ohne daß allergische Reaktionen aufgetreten wären. Die Selbsthypnosen und die Entspannungsübungen werden von ihm auch heute noch täglich fortgeführt.

Auch wenn wissenschaftlich genau kontrollierte Untersuchungen noch fehlen, gibt es doch Hinweise, daß Hypnose bei der Behandlung von Krebs eingesetzt werden kann. Aus den USA bekannte Behandlungsprogramme deuten darauf hin, daß mit Hypnose behandelte Krebspatienten eine wesentlich höhere Lebenserwartung haben, als aufgrund des statistischen Durchschnitts zu erwarten gewesen wäre. Auch hier wird vermutet, daß Hypnose das Immunsystem stärkt. Allerdings ist hier die Forschung noch in den Anfängen; so ist zum Beispiel unklar, wie die weißen Blutkörperchen solide Krebstumore vernichten sollen.

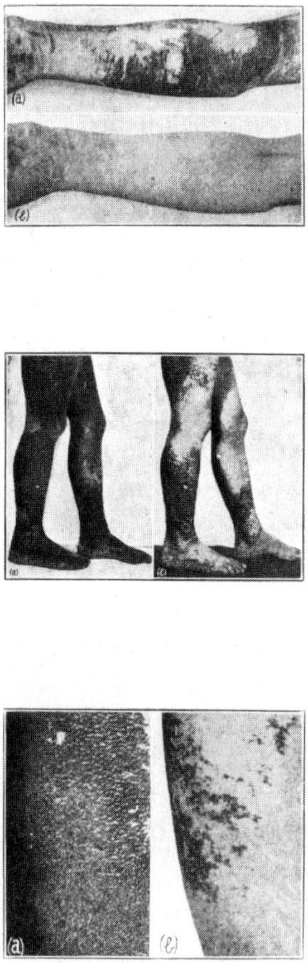

Abbildung 15: Die drei Abbildungen zeigen den Verlauf der hypnotischen Behandlung einer Ichthyosis congenita (schuppenpanzerartige Bedeckung der ganzen Haut) bei einem 16jährigen Jungen, die 1952 von Mason durchgeführt wurde. Alle vorausgegangenen Behandlungen dieser extrem belastenden Hautkrankheit, die der Junge seit seiner Geburt hatte, waren fehlgeschlagen. In der ersten hypnotischen Sitzung wurde suggeriert, nur der *linke* Arm würde frei. Nach fünf Tagen zeigten sich die ersten Anzeichen einer Verbesserung: Die Hautschuppen wurden weich, zerbröckelten und fielen ab, und zwar nur am *linken* (!) Arm. Der oberste Teil der Abbildung zeigt den rechten Arm des Patienten vor der Behandlung (oben) und acht Tage danach (unten). Nach der Behandlung waren 95 % der Hautfläche auf den Armen frei. Die mittlere Abbildung zeigt die Beine des Patienten (von rechts gesehen) vor (links) und vier Wochen nach der Behandlung (rechts). Die untere Abbildung zeigt den rechten Oberschenkel vor (links) und vier Wochen nach Beginn der Therapie (rechts). Auf den Beinen wurde die Haut um 50 %, auf den Oberschenkeln um 60 % von den Schuppen befreit (Quelle: British Medical Journal).

Bei Krebs gibt es auch andere Probleme, die mit Hypnose behandelt werden können, zum Beispiel Schmerzen und Ängste. Einer Krebspatientin konnten wir mit Hypnose die Angst vor dem Wiederauftreten eines erfolgreich behandelten Krebstumors nehmen, der in ihrer Vorstellung noch weiter existierte. In Hypnose stellte sie sich «fleischfressende Pflanzen» vor, die den Tumor «auffraßen» und damit auch ihre Angst. Auf einer bewußten Ebene verstand und akzeptierte sie die Aussage der Ärzte, daß der Tumor beseitigt sei. Aber auf einer unbewußten Ebene blieb die Angst bestehen, daß der Tumor noch vorhanden sein könnte. Diese Ebene konnte sie über das Bild der «fleischfressenden Pflanzen» erreichen und erfolgreich auch diesen «Tumor» beseitigen. Die Hypnosebehandlung bewirkte zugleich eine starke Reduktion ihrer Übelkeitsreaktionen während der Chemotherapie.

Wirkung über die Vorstellungstätigkeit

Wie ein roter Faden zieht sich die Verbindung von Hypnose und Vorstellungstätigkeit durch dieses Buch. Schon im ersten Kapitel haben wir erfahren, daß die Vorstellungstätigkeit in Hypnose lebendiger und intensiver ist als im Wachzustand, was therapeutisch nicht nur genutzt wird, um über die Vorstellung von ruhigen Szenen eine Entspannung zu erreichen oder eine positive «innere» Selbstwahrnehmung aufzubauen. Die Aktivierung der Vorstellungstätigkeit ist auch ein wichtiges Mittel bei der akuten Schmerzbekämpfung. Je mehr der Patient sich in der «inneren» Realität verliert, desto weniger werden «von außen» kommende intensive Reize als Schmerz wahrgenommen.

Ob Kaiserschnitt, Beinamputation, Operation der Gallenblase, operative Entfernung von Polypen aus der Nase oder von Tumoren – es gibt kaum einen chirurgischen Eingriff, der nicht schon unter Hypnose durchgeführt wurde, und zwar *ohne* zusätzliche Anästhesie. Einer unserer Kollegen hat sich kürzlich in Hypnose die Mandeln operativ entfernen lassen.

Mitte des vorigen Jahrhunderts führte der schottische Arzt James Esdaile in Indien 345 chirurgische Eingriffe durch, zum Teil so schwerwiegende wie Amputationen oder Entfernung von Tumoren, wobei er Hypnose als Anästhetikum einsetzte. Etwas anderes hätte er kaum machen können, denn eine chemische Anästhesie gab es damals noch nicht (die Äther-Anästhesie wurde erst kurz darauf entdeckt). Bemerkenswert an Esdailes Fällen ist die Tatsache, daß die meisten seiner Patienten die Operationen überlebten, was damals, als noch keine Antibiotika zur Verfügung standen, nicht gerade häufig war. Vielleicht ist dies ein weiterer Beleg für den Einfluß von Hypnose auf immunologische Prozesse.

Angesichts der modernen Narkosemethoden ist Hypnose heute als Anästhetikum entbehrlich – es sei denn, ein Patient hat eine Allergie gegen Anästhetika bzw. kann diese wegen Herz-Kreislauf-Problemen nicht vertragen. Auch bei schwangeren Frauen kann es ratsam sein, auf Narkosemittel zu verzichten. Bei solchen Patienten verwendet ein mit uns befreundeter Zahnarzt Hypnose, zum Beispiel, um einen Zahn ohne Anästhesie schmerzfrei zu entfernen. Dabei ist Hypnose auch ein ausreichendes Anästhetikum bei schwierigen Zahnextraktionen, etwa beim Entfernen eines «verlagerten» Weisheitszahnes.

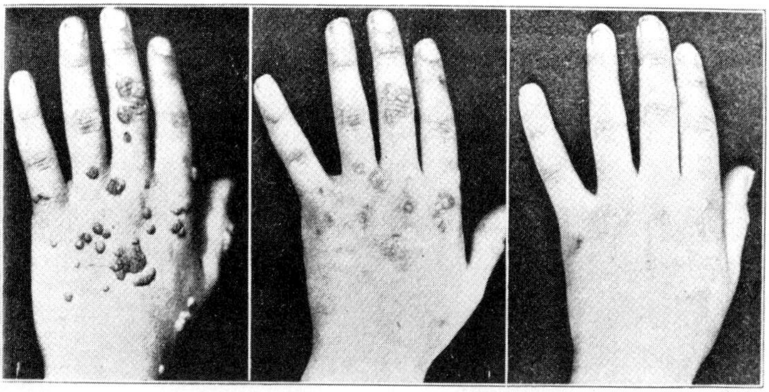

Abbildung 16: Verlauf einer hypnotischen Behandlung von Warzen, die Asher 1956 durchführte. Der 12jährige Patient hatte zu Beginn der Behandlung 53 Warzen, die nach zehn Hypnosesitzungen alle verschwunden waren. Links ist die linke Hand vor der Behandlung, in der Mitte nach sieben Hypnosesitzungen und rechts nach zehn Hypnosesitzungen abgebildet (Quelle: British Medical Journal).

Gerade die Möglichkeit, in Hypnose chirurgische Eingriffe vorzunehmen, die normalerweise extrem schmerzhaft wären, veranlaßt den Laien dazu, Hypnose als eine Art Narkose zu betrachten, in der man ohne Bewußtsein für die Gegenwart ist und sich nach dem Aufwachen an nichts mehr erinnert. Nun wissen wir aber, daß in Hypnose «nur» die Aufmerksamkeit eingeengt ist, sich die Körper-

Abbildung 17: Dr. Oudet, Mitglied der Pariser Académie de Médicine, zieht 1837 einem Patienten, der zuvor durch den Magnetiseur und Arzt Hamard in Trance versetzt wurde, einen Zahn, ohne daß der Patient Schmerzen verspürt. Auch heute wird von Zahnmedizinern Hypnose zur Schmerzbeseitigung bei schmerzhaften Operationen eingesetzt; z. B. dann, wenn der Patient kein Anästhetikum verträgt.

wahrnehmung ändert und die Vorstellungstätigkeit intensiver ist als im Wachzustand. Und das trifft auch für die Hypnose bei operativen Eingriffen zu. Der Kollege, der sich in Hypnose die Mandeln entfernen ließ, spielte die meiste Zeit der Operation mit seiner Tochter – in seiner Vorstellung. Der Patient, dessen «verlagerter» Weisheitszahn in Hypnose entfernt wurde, verlebte noch einmal alle Urlaube der letzten Jahre – in seiner Vorstellung. Die Frau, bei der ein Kaiserschnitt in Hypnose vorgenommen wurde, ging währenddessen in der «inneren» Realität in ihrem Garten spazieren. Alle diese Patienten befanden sich in ihrer jeweils vorgestellten Realität, aber nur zum Teil, denn mit einem anderen Teil ihres Bewußtseins waren sie auch in der Gegenwart und hörten, was gerade vom Arzt gesagt wurde, oder sprachen sogar mit ihm. Und sie spürten auch die Eingriffe des Arztes, aber nicht als Schmerz, sondern als Druck oder leichtes Brennen.

Hier wollen wir noch einmal betonen, was schon im ersten Kapitel gesagt wurde. Hypnose ist kein besonderer, einzigartiger Zustand, sondern einer, der anderen, alltäglichen Phänomenen wie dem Tagträumen sehr ähnlich ist. Dennoch reicht dieser «alltägliche» Zustand aus, um unglaubliche Dinge wie eine schmerzfreie Operation ohne Narkose zu ermöglichen.

Kehren wir zurück in die zahnärztliche Praxis, in der Hypnose auch in anderer Hinsicht wertvoll ist. Da ist zum einen die Angst vieler Patienten vor der zahnärztlichen Behandlung, die auch für den Zahnarzt ein Problem ist, der mit einem ruhigen, entspannten Patienten viel besser arbeiten kann als mit einem verkrampften, unruhigen Patienten. Darüber hinaus ist ein ängstlicher Patient für den Arzt auch deswegen problematisch, weil das Blut bei Angstzuständen nicht so schnell gerinnt und daher länger fließt. (In Hypnose hingegen ist die Blutgerinnung verbessert, da die Haftfähigkeit der für die Gerinnung wichtigen Blutplättchen größer ist, wie unsere Untersuchungen an der Universität Konstanz vermuten lassen.) Wie bei der hypnotischen Anästhesie, kann man bei diesen Patienten die Angst vor der Behandlung über die Aktivierung der Vorstellungstätigkeit beseitigen. Im Vorgespräch wird eine angenehme Situation mit dem Patienten vereinbart, die dann in Hypnose erlebt wird, etwa ein Spaziergang am Meer. Je deutlicher der Patient diese entspannende Szene erlebt, desto mehr wird sich auch sein Körper entspannen und die Angst zurückgehen. Nun wird man sich fragen, wie der Patient im hypnotischen Zustand verbleiben soll, wenn er plötzlich das Geräusch des Speichelsaugers hört oder der Bohrer unüberhörbar zu kreischen beginnt? Um die Störung der Hypnose zu verhindern, kann der Hypnotiseur diese Geräusche umdeuten und in die erlebte Szene des Patienten miteinbeziehen, indem er die Geräusche des Speichelsaugers zum Beispiel als Meeresbrandung umdeutet oder das Geräusch des Bohrers als Motorengeräusch eines Bootes, in dem der Patient über das Wasser jagt. Patienten finden auch spontan selbst eine für sie passende Umdeutung der Geräusche, so eine Hausfrau, die in Hypnose ihre Wohnung reinigte und dabei das Geräusch des Speichelsaugers zum Geräusch ihres Staubsaugers machte.

Die Aktivierung der Vorstellungstätigkeit hilft auch bei anderen Problempatienten in der zahnärztlichen Praxis. So etwa bei einem unserer Patienten, der seit zwölf Jahren nicht mehr beim Zahnarzt war, da ihn schon Würgereize befiehlen, sobald er auch nur das Schild einer Zahnarztpraxis sah. Die Würgereize wurden unerträglich, wenn der Versuch gemacht wurde, seinen Mundraum zu untersuchen. Als er in die Praxis kam, schien eine zahnärztliche Behandlung, die unbedingt erforderlich war, nicht möglich zu sein. Auch diesem Patienten wurde eine angenehme Situation suggeriert (Motorbootfahren auf einem See), und durch Bauchatmung wurde eine zusätzliche Beruhigung erreicht, so daß sogar in der ersten Sitzung Zahnabdrücke gemacht werden konnten. Weitere Problempatienten sind ängstliche Kinder, bei denen aber die Vorstellungstätigkeit anders aktiviert werden muß als bei Erwachsenen, etwa über ein Spiel mit Puppen.

Wirkung über positive Erwartungen

In Hypnose wird dem Patienten oft Zuversicht und Vertrauen in seine Fähigkeiten suggeriert, um ihn auf Problemsituationen vorzubereiten, in denen er sich zum Beispiel unsicher oder seinem Suchtverhalten bzw. großer Angst ausgeliefert fühlt. Man kann dem Patienten in Hypnose direkt suggerieren: «Sie fühlen sich stark und mutig.» Besser erscheint uns aber die Verwendung von gleichnisartigen Bildern, die dem Erleben des Patienten angepaßt sind. In Hypnose können innere Bilder nicht nur intensiver erzeugt, sondern auch intensiver aufgenommen werden. Bilder sind die Sprache des Unbewußten, und der Zugang dazu scheint in Hypnose besser möglich zu sein als im Wachzustand. Bei Patienten, die nach traumatischen Erlebnissen (Vergewaltigung, Krebskrankheiten) zeitweise panikartige Angstanfälle entwickelten, haben wir mit dieser Vorgehensweise gute Erfahrungen gemacht.

Mit der Entwicklung eines positiven Selbstbildes bei einem Patienten wird ein ganzes Bündel von positiven Erwartungen erzeugt, das die Überzeugung für eine künftige positive Lebensänderung schafft und Mut für neues Verhalten gibt. Wie stark unsere subjektive Welt durch Erwartungen beeinflußt werden kann, wollen wir an einem Beispiel schildern, das von Medizinhistorikern der Universität Düsseldorf berichtet wird: Sie beobachteten bei einem Stamm in Kenia eine Schädelöffnung (Trepanation) bei einem neunjährigen Jungen, dessen Schädel durch einen Steinwurf verletzt worden war. Die Schädelöffnung wurde durch dauerndes Abschaben der verschiedenen Knochenlamellen des Schädels vom Medizinmann des Stammes vorgenommen und dauerte zwei Stunden. Während dieser Zeit war der Junge (ohne Anästhesie oder lokale Betäubung) bei vollem Bewußtsein und zeigte keine besonderen Anzeichen von Schmerzen. Die Mitglieder dieses Stammes «wissen» wohl alle, daß die Schädelöffnungen durch den Medizinmann nicht weh tun, und aufgrund dieser Erwartung haben sie auch keine Schmerzen.

Aber natürlich kann auch in traditionellen Kulturen Hypnose zur Beseitigung von Schmerzen eingesetzt werden, was wir selbst bei der Behandlung eines Yanomami-Schamanen erlebt haben: Im Sommer des Jahres 1989 begannen wir von Puerto Ayacucho in Süd-Venezuela eine Reise zu den Yanomami-Indios, die im Grenzgebiet von Venezuela und Brasilien am oberen Orinoco leben. Die Erteilung einer Erlaubnis durch die zuständige Behörde war relativ schwierig, da wir nicht nur für Touristen geschlossenes Gebiet betreten wollten, sondern zur Zeit unseres Aufenthaltes auch eine Malariaepidemie im Yanomami-Gebiet herrschte und überdies etwa eine Woche zuvor zwei venezolanische Soldaten von Yanomamis mit Curarepfeilen getötet worden waren. (Es zeugt für die Behutsamkeit der venezolanischen Regierung im Umgang mit den Yanomamis, daß keine militärischen Strafexpeditionen folgten. Im übrigen leben die Yanomamis in völliger Autonomie in einem riesigen Gebiet, das nicht mehr von der Regierung Venezuelas kontrolliert wird.) Da es keine Straßenverbindungen durch den Regenwald gibt, hatten wir einen Einbaum, ein sogenanntes Bongo, gemietet, mit einem Bootsmann, einem Yekuana-Indio (Tameyni) und dem Venezolaner Cruz Sanchez als Führer. Nach einigen Schwierigkeiten (z. B. hatten wir nach zwei Tagen auf dem Orinoco einen Motorschaden und mußten anderthalb Tage warten, bis ein Ersatzmotor eingeflogen wurde) und weiteren langen Tagen auf dem Orinoco erreichten wir einen Tag nach dem letzten Militärposten Yanomami-Gebiet. In einem Yanomami-Dorf, wo wir nur außerhalb des Dorfes in Hängematten schlafen durften (wer weiß, welche Dämonen wir in unserem Gepäck mitführten?), hatten wir abends Gelegenheit, einem schamanistischem Ritual zuschauen zu können. Die Behandlung fand in einer großên Wohnhütte mit Kindern, Erwachsenen und Hunden statt, die durch mehrere offene Feuer erleuchtet wurde. Dabei wurde dem Patienten von einem Schamanenschüler die Krankheit aus dem Körper «gesogen» und auf den Boden gespuckt (in Form von Splittern), eine sehr alte Form des Krankheitsverständnisses und der Behandlung. Vor der Behandlung hatte sich der Schamane «Yopo» in die Nase blasen lassen, ein kurzfristig wirkendes Halluzinogen, um in der drogenerzeugten Trance das Ritual durchführen zu können.

Kurz nach dem Ritual kam der Schamanenmeister aus dem Hintergrund der Hütte und berichtete über Schmerzen im unteren Rückenbereich. Zuerst dachten wir an die Verabreichung von Schmerztabletten, erinnerten uns aber an unsere Erfahrung mit der Verteilung von Malariatabletten, die wir in anderen Yanomami-Dörfern versucht hatten; hier hatten die Indios die Tabletten größtenteils nicht genommen oder ausgespuckt, vermutlich weil nach ihrer Vorstellung von Behandlung einer Krankheit etwas «raus» und eben nicht «rein» muß. Wir entschieden uns daher gegen Aspirin und für Hynose. Wenn Hypnose wirklich so ein altes Phänomen ist, sollten wir auch unserem Kollegen damit helfen können. Dabei versuchten wir, die drei Stufen einer Trancesequenz zu berücksichtigen, nämlich Einengung der Aufmerksamkeit, Änderung der Körperwahrnehmung und Aktivierung des Vorstellungsraumes. Zunäch wurde versucht, die Augen des Schamanen über entsprechende Bewegungen mit den Händen auf die Augen des Gegenübersitzenden zu lenken, was aber mißlang; der Schamane schaute nur auf die Bewegung der Hände, nicht aber in die Augen, auf die die Hände verwiesen. Danach versuchten wir die Körperwahrnehmung des Schamanen zu beeinflussen. Einer von uns setzte sich hinter ihn, und einer saß vor ihm. Dann massierten wir von vorne seine Schläfen und von hinten seine Schultern. Dies nahm er mit einem gewissen Befremdem zur Kenntnis, ohne sich davon aber besonders beeinflussen zu lassen. Zum Schluß blieb uns nur noch die Aktivierung des Vorstellungsraumes. Wir wußten aus der Literatur, daß der Schamane sich jeden Tag mehrere Male in der yopoinduzierten Trance in einen Jaguar verwandelt. Diese so häufig wiederholte Erfahrung des Schamanen versuchten wir zu nutzen, indem wir ihm sagten, er solle an einen Jaguar denken, der durch den Urwald geht, was wir ihm über mehrere Dolmetscherstationen mitteilen ließen (Englisch, Spanisch, Yekuana, Yanomami). Unmittelbar nach dem Verstehen unserer Botschaft verlor sich sein Blick ‹in die Ferne› und er schloß von alleine die Augen. Er erhielt dann auf deutsch direkte Suggestionen zur Entspannung, und zwar sehr langsam mit ‹Verweilen› auf den Vokalen. Nach zehn Minuten beendeten wir die Trance, indem seine Augenlider manuell hochgezogen wurden. Er berichtete dann, daß seine Schmerzen vergangen seien. Bei unserer Nachuntersuchung am nächsten Morgen in Gegenwart der im offiziellen Schmuck erschienenen Ältesten gewannen wir den Eindruck, daß er unter Nierensteinen litt. Vermutlich war uns am Vortage wohl geglückt, eine schmerzhafte, muskuläre Verkrampfung in Zusammenhang mit einer Schutzhaltung vorübergehend zu lösen. Für uns war beeindruckend, wie es möglich war, über die tiefgreifenden kulturellen Schranken hinweg eine Trance zu erzeugen.

Zusammenfassung

Dieses Kapitel beschäftigt sich mit der Hypnosetherapie. Hypnose ist keine eigenständige Therapie, sondern wird mit anderen bekannten Verfahren aus der Psychotherapie/Psychosomatik kombiniert. In diesem Kapitel wird die Kombination von Hypnose mit einem therapeutischen Ansatz vorgestellt, bei dem eine Erkrankung auf körperlicher, subjektiver und der Ebene des Verhaltens betrachtet und behandelt wird.

Der zweite Teil des Kapitels befaßt sich mit den Krankheiten/Problemen, bei denen Hypnose hilft, und ordnet die Wirkungsweise der Hypnose bestimmten Krankheitsgruppen zu (unter dem Vorbehalt, daß bei Krankheiten und psychischen Problemen alle Ebenen – körperliche, subjektive, Verhalten – berücksichtigt werden müssen): Wirkung der Hypnose über das sympathische Nervensystem (psychosomatische Krankheiten); Wirkung über das Immunsystem (Hautkrankheiten, Krebs); Wirkung über die Vorstellungstätigkeit (akute Schmerzen; zahnärztliche Problempatienten); Wirkung über positive Erwartungen (Ängste).

Nachwort

Faßt man das Anliegen dieses Buches kurz zusammen, so war unser Ziel, die *Grenzen und Möglichkeiten* der Hypnose über die Beantwortung der häufig von Patienten oder interessierten Laien gestellten Fragen darzustellen und dabei ein realistisches Bild der Hypnose zu zeichnen.

Was meinen wir mit «realistisch»? Sie werden sicher bemerkt haben, daß wir uns bei der Darstellung der Veränderungen in Hypnose, der Gefahren der Hypnose, der Bühnenhypnose, des therapeutischen Nutzens der Hypnose etc. in der Regel auf therapeutische Erfahrungen, historische Fakten und wissenschaftliche Untersuchungen bezogen haben. Bücher über Hypnose können aber auch anders geschrieben werden, mit weit überzogenen Vorstellungen über die Wirkung von Hypnose, die mit Hinweis auf die «Macht des positiven Denkens», die «Macht des Unbewußten» oder ähnliche Erklärungskonzepte begründet werden. Wir wollen nicht bestreiten, daß derartige Erklärungen von Wert sein können. Doch spaltet die Lektüre solcher Bücher die Leser in zwei Lager: Die einen glauben, und die anderen glauben nicht.

Heutzutage ist es nicht mehr notwendig, die therapeutischen Möglichkeiten der Hypnose einfach zu glauben, denn wir wissen sehr viel über Hypnose. Deswegen haben wir in unserem Buch dargestellt, was man *weiß*, und nicht, was man *glauben* muß. Nun sind sicher nicht alle Fragen, die man über Hypnose stellen kann, in unserem Buch beantwortet worden. Aber wenn klar wurde, daß auch nach «Abzug» der übertriebenen, verzerrenden Vorstellungen, wie sie insbesondere durch die Bühnenhypnose geprägt sind, Hypnose immer noch als ein hochwirksames therapeutisches Instrument gelten kann (mit dem z. T. kaum glaubliche Wirkungen erzielt werden können und das schwerwiegende operative Eingriffe ohne Anästhesie ermöglicht), hat dieses Buch sein Ziel erreicht.

Wie jede Therapie kann auch eine Hypnosetherapie falsch durchgeführt werden, was eher wahrscheinlich ist, wenn der «Hypnosetherapeut» keine entsprechende Ausbildung hat. Wir möchten daher das Buch mit einem Rat für Patienten beschließen, die eine Behandlung mit Hypnose wünschen: Achten Sie darauf, daß der Hypnosetherapeut eine zusätzliche medizinische oder psychotherapeutische Ausbildung hat (Verhaltenstherapie, Familientherapie, Psychoanalyse, Gesprächspsychotherapie etc.). Vorsicht ist geboten, wenn der Therapeut eine Vorauszahlung verlangt, überwiegend über Tonbandkassetten behandelt oder wenn in einer großen Praxis die Therapeuten häufig wechseln.

Um eine unsachgemäße Hypnosebehandlung zu vermeiden, empfehlen wir den Patienten, die einen seriösen Therapeuten in ihrer näheren Umgebung suchen, sich an die Hypnosefachverbände zu wenden. Seriöse Hypnosetherapeuten findet man in Deutschland in den Hypnosefachverbänden wie der Milton-Erickson-Gesellschaft (München) oder der Deutschen Gesellschaft für Hypnose, Druffelsweg 3, 48653 Coesfeld, Tel.: 0 25 41 / 7 00 07

Die Autoren

Bärbel Bongartz, geboren 1954, staatlich geprüfte Heilpraktikerin und Pschotherapeutin; als Hypnosetherapeutin, Paar- und Familientherapeutin sowie Verhaltenstherapeutin in eigener Praxis in Konstanz tätig.

PD Dr. Walter Bongartz, geboren 1946, Hypnoseforscher an der Universität Konstanz und Hypnosetherapeut; ehemaliger Präsident der Deutschen Gesellschaft für Hypnose und der European Society of Hypnosis, Präsident der internationalen Gesellschaft für Hypnose (ISH).

Stressverhalten ändern lernen

Dietmar Juli /
Angelika Schulz
Stressverhalten ändern lernen *Vorbeugung und Hilfe bei psychosomatischen Störungen und Krankheiten*
(rororo sachbuch 60214)
Stress als Krankheitsfaktor ist nicht mit einfachen Rezepten zu bewältigen. Die gutgemeinten Empfehlungen populärer Ratgeber lassen meist außer acht, daß die Reaktion auf Belastungen individuell sehr verschieden ist. Jedes gesundheitsschädliche Stressverhalten ist Folge einer persönlichen Entwicklung, die erkannt werden muß, damit Änderungen möglich werden. Hier setzt dieses Buch an; es verbindet das medizinische Stresskonzept mit Aussagen der psychologischen Lerntheorie.

Gisa Briese-Neumann
Herausforderung Stress *Gesund durch Körper- und InnerManagement*
(rororo sachbuch 60212)
Das vorliegende Buch soll Sie in die Lage versetzen, Stress und Konfliktpotential zu erkennen und deren Ursachen gezielt zu vermeiden und zu überwinden. Das Besondere an Gisa Briese-Neumanns Ansatz ist, daß dies auf drei Ebenen geschieht: im körperlichen, im geistigen und im seelischen Bereich.

Paul Wilson
Wege zur Ruhe *100 Tricks und Techniken zur schnellen Entspannung*
(rororo sachbuch 60119)

rororo gesundes leben

Paul Wilson
Zur Ruhe kommen *Einfache Wege zur Meditation*
(rororo sachbuch 60533)

Rolf Degen
Der kleine Schlaf zwischendurch *In Minuten frisch, erholt und fit*
(rororo sachbuch 60213)
Nickerchen, Powerschlaf, Siesta, Nap – der kleine Schlaf zwischendurch hat viele Namen und ist so alt wie die Menschheit selbst. In unserer modernen Stressgesellschaft bekommt er als Fitness- und Wellnessbringer eine völlig neue Bedeutung. Der Minischlaf hat nicht nur gesundheitsfördernde Wirkungen, sondern kann auch gezielt eingesetzt werden, um den Nachtschlaf ganz oder teilweise zu ersetzen.

3405/7

Heilmethoden & Heilmassagen

Ilona Daiker / Barbara Kirschbaum
Die Heilkunst der Chinesen *Qigong · Akupunktur · Massage · Ernährung · Heilkräuter*
(rororo sachbuch 60275)
Zwei erfahrene und spezialisierte Heilpraktikerinnen geben interessierten Laien einen Überblick über alle Bereiche der chinesischen Medizin – praxisbezogen, fundiert und ohne jedes «Fachchinesisch»: Geschichte, Grundbegriffe des chinesischen Denkens und Therapieverfahren werden vorgestellt.

Ilona Daiker
Shiatsu *Heilende Berührung für Körper, Geist und Seele*
(rororo sachbuch 60529)
Sie erfahren alles über die Grundlagen des Shiatsu und das Wirkungsspektrum des professionellen Shiatsu. Wer sich selbst, seinem Partner oder seinen Freunden etwas Gutes tun möchte, findet zudem einfache Techniken und entspannende Dehnungsübungen für zu Hause.

Inga-Maria Richberg
Praktische Homöopathie heute *Anleitung zur Selbstbehandlung*
(rororo sachbuch 60276)
Die Homöopathie erfreut sich immer größerer Beliebtheit, und das Bedürfnis nach Selbstbehandlung nimmt entsprechend zu. Dieser Band ermöglicht medizinischen Laien, eigenständig mit der Homöopathie zu experimentieren, ohne dabei fahrlässig zu handeln.

rororo gesundes leben

Kuan Hin
Chinesische Massage und Akupressur *Eine Anleitung zur Selbsthilfe*
(rororo sachbuch 19346)
Die in diesem Band vorgestellten, besonders sanften Methoden dienen sowohl der Vorbeugung und Gesunderhaltung von Körper und Geist als auch der Linderung und Heilung von akuten Beschwerden wie Nervosität, Depressionen, Schlafstörungen, Ekzeme und vieles mehr.

Mathias Dorcsi
Homöopathie heute *Ein praktisches Handbuch*
(rororo sachbuch 18562)

Ein Gesamtverzeichnis aller lieferbaren Titel der Reihe *rororo gesundes leben* finden Sie in der *Rowohlt Revue*. Vierteljährlich neu. Kostenlos in Ihrer Buchhandlung.

Rowohlt im Internet:
www.rowohlt.de

Gesundheit rundum

Richard Hallam
Leben mit Tinnitus *Wie Ohrgeräusche erträglicher werden*
(rororo sachbuch 19932)
Da bei Tinnitus eine medikamentöse oder chirurgische Behandlung nur in wenigen Fällen möglich ist, müssen die meisten Betroffenen lernen, mit Ohrgeräuschen zu leben. Richard Hallam, führender Tinnitus-Forscher und -Therapeut, gibt hierzu kompetente und zugleich einfühlsame Anleitung.

Lisette Scholl
Das Augenübungsbuch *Besser sehen ohne Brille – eine ganzheitliche Therapie*
(rororo sachbuch 19136)

Joachim Grifka
Die Knieschule *Hilfe bei Kniebeschwerden*
(rororo sachbuch 19186)
Das Buch zeigt, wie man sich bei Kniegelenksbeschwerden selbst helfen kann und welche Erkrankungen ärztlich behandelt werden müssen. Es gibt dem Patienten die Möglichkeit, genaue Fragen zu stellen und die ärztliche Behandlung besser zu verstehen.

Louis J. Rosner / Shelley Ross
Multiple Sklerose *Neue Hoffnung für Menschen mit MS*
(rororo sachbuch 19759)
«Das beste Buch über Multiple Sklerose für Betroffene.»
The New England Journal of Medicine

rororo gesundes leben

Benno Werner
Im Rhythmus der Jahreszeiten
Gesund leben im Einklang mit der Natur
(rororo sachbuch 60279)
Der Autor zeigt auf, welche Organe in welcher Jahreszeit besonders aktiv sind und welche Emotionen in dieser Zeit dominieren. Mit zahlreichen Übungen für Körper, Geist und Seele gibt er wertvolle Hinweise für ein gesundes Leben im Einklang mit der Natur.

Nicole Ronsard
Das Anti-Cellulite-Erfolgsprogramm
(rororo sachbuch 60370)
Die Autorin hat ein erfolgversprechendes, ganzheitliches Programm zusammengestellt, das der «Orangenhaut» gezielt zu Leibe rückt.

Ein Gesamtverzeichnis aller lieferbaren Titel der Reihe *rororo gesundes leben* finden Sie in der *Rowohlt Revue*. Vierteljährlich neu. Kostenlos in Ihrer Buchhandlung.